용기의 법

용기의 법

오오카와 류우호오 지음

가림출판사

세상에는 용기가 없는 인간이 너무나도 많다. 실수를 두려워하는 인간만 대량으로 내보내온 학교 교육은 합격점에서는 너무 멀다.

실패하는 것을 두려워하지 마라. 좌절은 청춘의 훈장이다. 거기서 무엇인가를 붙잡아야만 한다. 뜻이 진실하고 간절하다면 열혈(熱血) 불(火)처럼 살 수 있을 것이다. 헝그리(hungry) 정신을 가지고 계속 도전해야 한다. 늘 지속해서 높은 것을 추구하는 정신이 인간을 성장시킨다.

죽음을 두려워하지 마라. 어떤 일도 성취하지 못한 채 일생을 보내는 것을 두려워하라. 나날이 변명하고 있다면 한 걸음 전진하지 않는 자신을 꾸짖어라.

'지(智), 인(仁), 용(勇)'이 갖춰져야 비로소 '덕(德)'이 완성된다.

행복의 과학 총재 오오카와 류우호오(大川隆法)

THE LAWS OF COURAGE

THE LAWS OF COURAGE

THE LAWS OF COURAGE

THE LAWS OF COURAGE

1장

우정과 용기에 대하여

남에게 휩쓸리지 않는 용기를 가지면 길이 열린다

THE LAWS OF
COURAGE

이런 마음가짐으로
인간관계를 바꿔라

오래 계속되는 우정,
깨지기 쉬운 우정의 차이는 어디에 있는가

　본장에서는 '우정과 용기에 대하여' 라는 주제로 학생이나 청년을 상대로 서술할 것입니다. 그러나 젊은 사람에 한정하지 않고 모든 사람이 인생을 살아갈 때 중요한 마음가짐으로 참고가 되는 이야기를 하고자 합니다.

　나는 젊은 사람을 상대로 "공부는 중요하다. 장래를 위한 투자로써 젊을 때 확실하게 공부해 두라."는 가르침은 비교적 많이 설하였지만 '젊을 때 인간관계를 어떻게 하면 좋은가?' 에 대해서는 아직 충분히 설하지 않았습니다.

그러면 젊을 때는 어떻게 인간관계를 맺으면 좋겠습니까?

내가 청년 여러분에게 말하고 싶은 것은 '우정이란 어느 정도 자립한 사람들끼리 사귈 때 잘 형성된다' 는 것입니다.

여러분은 서로 잘 어울려 다니는 것이 우정이라고 생각할지도 모르지만 그렇지 않습니다. 관계가 너무 끈끈하여 지나치게 밀착되면 좋을 때도 있지만, 나중에 싸우거나 헤어지게 되는 일이 많습니다.

적절히 우정을 키우고 오래 사귀어 가기 위해서는 한 사람 한 사람이 어느 정도 '자립' 해 있어야 합니다. 혼자서도 충분히 살아갈 수 있는 사람은 우정을 맺기 쉬운 법입니다. 또 우정을 맺은 상대도 그렇게 자립한 사람을 좋아합니다.

혼자서도 충분히 살아갈 수 있는 사람이어야만 적절한 우정을 만들어 오래 지속하기 쉬운 법입니다. 그러나 '어느 한 쪽이 다른 쪽을 전면적으로 계속 도와주지 않으면 안 되는 관계' 나 '욕망이나 이득이 결부되어 강하게 밀착된 관계' 등은 깨어지기 매우 쉽습니다.

인간관계를 향상하기 위해
거리를 두는 방식이란 🍂

　사람 사이에 거리를 잘못 두면 인간관계가 잘되지 않는 경우가 많습니다.

　예를 들면, 조금이라도 호의적인 자세를 보이거나, 친절한 말을 걸거나 하여 상대가 문을 활짝 열면 확 안쪽까지 들어와서 너무나 가까이 밀착하려고 하는 사람이 있습니다. 자신이 다른 사람을 대하면서 상대의 안쪽에 비집고 들어갈 수도 있고, 다른 사람이 자신의 안쪽에 비집고 들어오는 경우도 있을 것입니다.

　그와 같이 조금 관심을 보이거나 이해하며 문을 조금 열면 현관에서 안쪽까지 들어와서 눌러앉는 사람과는 우정이 성립되기 어렵습니다. 그 사람은 밀착된 관계를 만드는 것이 우정이라고 생각할지 모르지만, 그런 사람과 우정을 맺기는 의외로 어렵습니다.

　우정은 적당한 거리감을 유지하면서 사귀는 가운데 길고 차분히 성립해 가는 것입니다. 그렇게 조금씩 돈독해지는 관계를 만들어 가는 것이 좋습니다.

　너무 짧은 시간 사귄 사람과 바로 친구가 되어버리는 데는 역시 위험이 있습니다. 자신이 상대를 충분히 이해하지 못하거나, 상대도 자신을 충분히 이해하지 못한 경우가 많기 때문입니다.

서두르지 말고 천천히 인간관계를 키워 가는 것이 중요합니다. 자신을 충분히 알리거나 상대를 충분히 아는 시간이 필요합니다. 조금씩 시간을 들이면서 관계를 심화해야 합니다.

'갑자기 들러붙었다가 떨어졌다가' 하는 관계를 반복하면 자신뿐 아니라 상대도 상처받습니다.

그렇게 되는 원인의 대부분은 상대를 오해하거나 자신이 오해를 받는 데 있습니다. 그 결과 빼도 박도 못하는 관계가 되어 최후에는 비극적으로 헤어지는 경우가 가끔 있습니다.

인간관계를 잘하기 위해서는 일정한 거리를 둘 필요가 있습니다. '순간적으로 서로 다 이해한다'는 것은 상당히 어려운 일이므로 단계를 밟아서 사귀어 가도록 하는 편이 좋을 것입니다.

그렇게 하면 처음의 얕은 단계의 친구는 상당히 넓은 범위에서 사귈 수 있습니다. 그다지 심화하지 않아도 된다고 생각되는 관계라면 무리하게 심화하려고 하지 말고 얕은 단계의 교제로 그쳐 두면 친구관계를 오래 계속할 수 있습니다.

자신도 상대도 상처받지 않는
인간관계를 만들어라

마음속 카드를
상대에게 어디까지 보일지 생각하라

단계를 밟아서 사귀어 가는 가운데 차츰 깊은 교제를 하면 자신의 속마음을 보이고 우정을 서로 확인할 수 있습니다.

서로 자신의 생각이나 사고방식 등 가지고 있는 카드를 차례로 꺼내 보이면서 '상대가 어떤 카드를 가지고 있는가? 강한 카드를 가지고 있는가?' 를 확인하는 것입니다. '에잇, 얏' 하고 카드를 서로 보이고 상대의 카드를 보면서 '어, 상당히 강한 패를 내는구나' 라고 느끼기도 합니다.

우정이 깊어짐에 따라 차츰 강한 카드를 내게 되는데 '어디까지 카드를 계속 내야 하는가? 마지막 카드까지 내야 하는가, 내지 않아야 하는가?' 는 한 번 생각해 봐야 할 문제입니다.

어느 수준까지
사귈 수 있는가를 생각하라 🍂

모든 것을 서로 이해하기는 상당히 어려우므로 서로 상처받는 관계가 될 것 같으면 거리를 두는 편이 좋고, 서로 깊이 이해할 수 있는 관계가 될 것 같으면 '어느 수준까지 사귈 수 있는가?' 를 잘 생각하는 것이 중요합니다.

'이 이상 수준에서 사귀기는 무리다' 라고 느낀다면 그 수준에서 멈추는 편이 좋습니다. 그래도 어떤 계기로 더 깊은 관계까지 가는 수도 있을 것입니다.

처음부터 너무 강한 카드를 내면 우정이 성립되기 힘든 경우가 많습니다.

나의 젊은 시절을 생각해 보면 어느 정도 종교적인 것을 이해하는 사람과는 친구가 되기 쉬웠고, 그렇지 않은 사람이라도 책

을 많이 읽고 있는 교양이 있는 사람과는 비교적 이야기를 잘
할 수 있었습니다.

그러나 신앙의 단계까지 가면 대화가 어려워지는 경우가 많
았으므로 인생론이나 인생관에 대해 이야기하는 수준에 머무는
교제를 자주 하였습니다.

내가 함께 이야기하기 쉬웠던 상대는 열 살에서 열 몇 살 정
도 윗세대의 사람이었습니다. 여러 분야의 교양서를 섭렵하여
젊은 시절부터 내면이나 세상 일을 깊이 직시하던 면이 있었기
때문일 것입니다. 평소에 내가 생각하던 것은 주로 인생에 관한
것이었으므로 동년배와 사귀는 일은 그다지 잘되지 않았습니
다. 20대의 젊은 사람은 그런 것을 깊이 생각하고 있지 않으므
로 나와는 이야기가 잘되지 않았습니다.

열 살 이상 나이가 많은 사람이라도 어느 정도 가치관이 맞으
면 우정이 성립될 수 있습니다. 만약 같은 또래와 아무래도 이
야기가 되지 않는다면 연상의 사람들과 이야기해 보는 것이 좋
을 것입니다.

본심을 털어놓고
이야기할 수 있는 깊은 우정관계도 있다 🍃

　사람들이 가진 카드에는 신조 등 마음속 가장 깊은 부분에 관한 것도 있을 것입니다. 종교를 믿는 사람의 경우는 신앙의 카드가 그것인데, 이 카드를 내기가 가장 어렵습니다.

　예를 들면, 같은 학교나 학원에 다니고 있고 학력이 비슷하거나 회사에서 같은 입장에 있는 사람에게 신앙의 카드를 내지 않으면 그럭저럭 그와 사귈 수는 있을 것입니다. 그러나 신앙의 카드를 내면 딱 절벽 같은 것이 나타나는 경우가 많습니다.

　신앙을 가진 어떤 사람이 마음에 드는 이성과 이야기를 해 보았더니 외골수인 유물론자였다면 슬퍼질 것입니다. '좋은 사람이구나. 꼭 사귀어서 결혼하고 싶다.'고 바라더라도 가치관이 완전히 다른 경우에는 장래에 대단히 어려운 관계가 만들어질 것이라는 암시를 받게 됩니다.

　신앙심은 깊은 내면의 부분이며 '그 사람이 어떤 인간인가?' 하는 본질의 부분, 가장 최후의 부분에 가깝습니다.

　서로 신앙의 카드를 내고도 우정을 견고히 지속하는 것은 상당히 마지막에 가까운 단계입니다. 신앙심은 사람에 따라 얕고 깊은 차이가 있으므로, 신앙의 카드를 내는 방법을 매우 주의하지 않으면 안 됩니다.

최후에 내는 신앙의 카드란 정말로 속을 터놓고 이야기할 수 있는 관계가 되어야만 보일 수 있는 것입니다.

부모, 형제나 부부 가운데 법연(法緣)이 깊어서 인생을 함께 살아갈 수 있는 사람이 있으면 숨김없이 상당히 깊은 이야기도 할 수 있을 것입니다. 그러나 친구 수준에서 그 단계까지 이르는 법우(法友), 도반(道伴)은 평생에 그리 많이 나오지는 않습니다.

신앙의 면에서 '예스인가, 노인가?' 라는 것만으로 사람과 사귀는 방식을 정하려고 하면 좌절하거나 서로 상처받는 일이 많아질 것입니다. 사람과 사귀는 방법이 서투르기 때문에 자신이 상처받거나 상대를 상처주는 일도 있을 것입니다.

따라서 조금씩 카드를 내어 가며 '어느 정도까지라면 잘될 것 같은가?' 를 확인하면서 우정을 심화하는 것이 중요합니다. 이것이 능숙하게 친구를 사귀어 가는 방법입니다.

03 나쁜 인간관계에
휩쓸리지 않는 용기를 가져라

**누구를 스승으로 삼고 누구를 친구로 삼는가는
인생에 결정적인 영향을 준다**

  학창 시절이나 청년기에 중요한 것은 '누구를 스승으로 삼는
가, 누구를 친구로 삼는가' 라는 것입니다. 이 '스승과 친구 관
계' 가 인생에 대단히 큰 영향을 끼칩니다. 여러분의 인생관이나
장래에 결정적인 영향을 주는 사람이 바로 스승과 친구입니다.

  스승과 친구를 선택하는 방법에는 상당히 어려운 면이 있습
니다.

  스승이란 수십 년에 걸쳐서 자신이 나아 가야 할 길을 가리켜
주는 북극성과 같은 존재이므로 더욱 선택이 어렵습니다.

친구도 그렇습니다. 친구를 잘못 선택하면 인생이 꼬이기 때문에 누구를 친구로 삼는가는 대단히 중요합니다.

약 2,600년 전에 석가는 "어리석은 사람을 친구로 삼지 마라, 나쁜 친구와 사귀어서는 안 된다."는 말을 되풀이했습니다. 그리고 "어리석은 사람, 나쁜 친구와 함께 있을 바에는 무소의 뿔처럼 홀로 가라. 자신보다 뛰어난 사람을 친구로 삼아라. 진리의 길을 가는 사람을 친구로 삼아라. 그런 친구를 얻을 수가 없다면 무소의 뿔처럼 혼자서 가라."는 말을 자주 하였습니다.

석가의 설법에는 '무소의 뿔'이라는 비유가 자주 나옵니다. 무소가 하나의 뿔을 세우고 걸어 가고 있는 모습을 연상해 보면 확실히 '고고(孤高)한 사람'이라는 분위기가 느껴질지도 모르겠습니다.

석가의 이 말은 "진리를 추구하며 수행하는 사람, 뛰어난 점이 있는 사람과 사귀어라. 나쁜 사람과 사귈 정도라면 오히려 사람과 사귀지 않는 편이 좋다."는 가르침입니다.

"주홍과 섞이면 빨갛게 된다."[1]는 말이 있는 것처럼 나쁜 친구와 사귀면 자신도 점점 나빠져 갑니다. 나쁜 친구에게서 벗어

---

1) **주홍과 섞이면 빨갛게 된다** - 사람은 환경에 의해 선하게 되고 악하게도 될 수 있다는 비유. 교제하는 동료에게서 사람은 영향을 받게 되는 법이라는 뜻이다.

나쁜 친구와 사귀려면 차라리 무소의 뿔처럼 혼자서 가십시오.

나지 못하고 동료 의식 때문에 악행에 가담해버리는 수도 있습니다.

해야 할 말을 제대로 하는 것이 우정이다 🍂

요즘 중·고생들 중에는 혼자보다는 몇 명이 팀을 짜서 남의 가게 물건을 훔쳐오는 경우가 많은 듯합니다. 이때 물건을 훔쳐오는 것 외에도 망보는 역할, 무엇인가를 사는 시늉 등의 페인트(feint)[2] 역할이 있습니다. 편의점 등은 점원이 한 사람밖에 없는 경우도 많기 때문에 몇 명이 짜면 도둑질을 쉽게 할 수가 있습니다.

이와 같이 물건을 함께 훔치자고 하는 동료가 있다면 이 사람은 나쁜 친구입니다. 그런 사람과 대여섯 명 정도가 친구가 되어 교류(交遊)관계를 맺어버리면 물건을 훔칠 때만 빠지기란 여간해서 불가능합니다. 빠지려고 하면 "넌 건방진 놈이다. 친구

---

2) **페인트** - 원래 뜻은 가장, 시늉인데 여기서는 가게의 점원이나 주인을 속이는 행동을 말한다.

로 여기지 않을 거다."라는 따위로 협박하기 때문에 마지못해 참가해버리는 경우가 있게 됩니다.

이러한 교류관계는 나쁜 것입니다. 오히려 친구라면 "그런 짓을 해서는 안 된다."라고 제대로 말하는 관계를 만들어야만 합니다.

여러분도 친구관계에서 그와 같은 말을 할 수 있습니다. 만약 나쁜 짓을 막으려고 한 것이 원인이 되어 인간관계가 깨어져서 "너 따위는 친구로 받아줄 수 없다."라는 말을 듣는 일이 있더라도 '어쩔 수 없다.'고 생각해야 합니다.

앞에서 말한 것처럼 무소의 뿔처럼 오로지 혼자서 가라는 것입니다. "그렇게까지 해서 친구를 사귀지 않으면 안 된다면 차라리 혼자 가겠습니다. 진리를 구해서 혼자 살겠습니다. 그 가운데 진리의 친구도 나타날 테니까 나를 친구로 받아주지 않아도 상관없습니다."라고 말하면 됩니다.

친구가 잘못하고 있다고 생각된다면 "잘못하고 있다."라고 분명하게 말할 만한 우정과 용기가 필요합니다. 말해 주지 않으면 그들이 범죄자가 되거나 장래를 망쳐버릴 우려도 있습니다. 만에 하나라도 그렇게 되어서는 안 되므로 해야 할 말은 하지 않으면 안 됩니다.

따돌림은 나쁜 교류관계의 축도이다 🍂

요즈음 커다란 사회문제가 되고 있는 학교에서의 따돌림 문제 속에서도 나쁜 교류관계의 축도(縮圖)를 볼 수 있습니다.

최근에는 '1 대 1'의 따돌림은 적어지고 있고, 대부분은 두목격의 아이와 추종자가 무리를 지어 '다수 대 한 명'으로 누군가를 괴롭힌다고 합니다. 대단히 비겁한 방식이지만 소수의 사람을 다수가 괴롭히는 형식입니다.

괴롭히는 아이들 중에도 '사실은 괴롭히고 싶지 않지만 두목이 무서우니까 하고 있다.'고 말하는 경우가 많이 있습니다.

두목을 따르면 여러 가지로 보호해주거나 같이 놀아주거나 합니다. 그렇기 때문에 자신이 동료에게 따돌림당하는 것이 싫어서 그 그룹에 들어간 이상은 어떠한 상황에서도 반드시 함께 행동하는 것입니다.

많은 학교에 '따돌림 그룹'이 있어서 신입생이나 전학생 등 색다른 사람이 들어오면 따돌린다고 합니다. 그들은 따돌리는 의식을 함께 행함으로써 동료 의식을 만들고 있습니다. 그것은 '나도 같이 했다'고 하는 일종의 범죄 심리와 같은 것입니다. 함께 도둑질을 하면 그 사람들과 동료가 되는 것과 마찬가지여서 범죄자 그룹과 같은 동료 의식이 생깁니다.

그 때문에 다른 아이를 괴롭히는 것이 좋지 않다고 생각해도 그런 동료들로부터 빠져나올 수 없습니다. 집단 시달림에 가담함으로써 동료들이 받아 주고, 자신의 몸을 지켜 주기 때문입니다.

그리고 집단 시달림의 표적이 된 아이도 결국에는 그 그룹에 편입되게 됩니다. 표적이 자신한테서 다른 아이한테로 옮겨질 때, 이번에는 자신도 학대하는 그룹과 함께 새로운 표적을 괴롭히는 것입니다.

이렇게 해서 '나도 동료로서 인정받자' 라는 사람들이 늘어나 차츰 악의 세력, 악의 그룹이 증식됩니다. 처음에는 한두 명이었던 것이 3명, 4명, 5명, 10명, 20명 등과 같이 커져 갑니다.

이것은 '모두 같이 행하면 무섭지 않다' 는 심리 때문입니다.

힘에 의해 성립되는 악의 인간관계는
지옥 세계와 비슷하다 🍂

교실에서 10명이나 20명이 누군가를 괴롭힌다면 누가 했다라고 범인을 특정 짓지가 어렵습니다. 범인이 한 명이라면 교사도 야단치려고 하겠지만 한 반에서 10명이나 20명이 어느 한 명을 괴롭히고 있는 상황이라면 그 10명이나 20명을 처벌하고 한 명을 보호한다는 것은 좀처럼 하기 힘듭니다.

그 때문에 교사는 집단 괴롭힘이 있다는 사실을 알면서도 일부러 모른 체합니다. 집단 괴롭힘을 행하는 그룹이 교실의 주류가 되어 있어서 그쪽을 야단치면 교실 붕괴를 일으켜 말을 듣지 않기 때문입니다. "저 선생이 말하는 것은 듣지 않을 테다."라고 모두들 수업을 거부하거나 하기 때문에 교사도 화를 낼 수 없는 상황이 됩니다. 악은 이런 형태로 증식되어 갑니다.

이것은 영계(靈界)에 있는 지옥 세계와 흡사합니다. 지옥 세계에서는 대개 강한 자가 자신보다 약한 악마나 악령 등을 부추겨서 다른 존재를 습격합니다.

지옥 세계는 힘의 관계에 의해 성립되어 있으므로 보다 많은 욕을 하고 공격적인 존재가 리더가 됩니다. 그에게는 부하들이 많이 붙어서 약한 자를 괴롭힙니다. 그들은 언제나 동료를 늘리려 하고 있습니다.

아이들 사회의 집단 괴롭힘을 보면 지옥계 그대로입니다. 그 수법은 지옥계와 놀랄 정도로 닮았습니다.

초등학생 시절부터 작은 악마가 들러붙은 아이들도 많이 있고, 큰 악마가 들어간 아이도 있습니다. 일정한 규모의 나쁜 집단을 이끄는 리더 중에서 어느 정도 강한 영향력을 가진 경우 큰 악마가 들어가는 수도 있습니다.

이런 나쁜 인간관계에 빠져서 악행에 가담해서는 안 됩니다.

선악을
준별하는 용기를 가져라

04

악을 증식시키는 두 가지 사고방식

　세상에는 여러 분야에서 악을 증식시키는 상황이 벌어지고
있는데 그 근본에 있는 것은 무엇이겠습니까?

　하나는 2차 세계대전 후의 민주주의의 다수결 원리, 즉 다수
의 의견을 따르는 사고방식입니다. 이것은 다수결에 의해 '무
엇이 올바른가'를 결정하는 사고방식입니다. 앞에서 예로 든
학교 아이들은 '교실 안에서 다수의 사람들이 함께하는 일은
옳다'고 생각합니다. '모두가 함께 물건을 훔치고, 모두가 함께
폭력을 휘두르고, 모두가 함께 집단으로 학대하고 있으니까 옳
은 것이고, 그 그룹에서 빠지면 손해를 본다'고 생각하는 것입

니다.

다른 하나는 전통적인 사고방식인 '촌락 사회'의 의식입니다. 이것은 '모두가 동질하다는 동료 의식을 갖고 똑같은 일을 하고 있으면 옳고, 동료에게 벗어난 것을 하면 악이다' 라는 사고방식입니다. 내용은 어찌 됐건 모두와 다른 의견을 말하거나 다른 행동을 하거나 해서 동료에게서 벗어난 사람, 집단행동을 하지 않는 사람은 악이다' 라고 판정하는 원리입니다. 이것이 악의 증식 원리로서 현실적으로 사용되고 있습니다.

보편적인 규칙으로
선악을 배우면 올바름이 보인다 🍂

학교에서 집단 괴롭힘이나 범죄 등을 행하는 것을 보고 곧바로 이상하다고 의견을 말하는 학생은 대체로 외국에서 귀국한 자녀나 부모가 외국에서 돌아온 아이들이라고 합니다. 또 해외로 나간 적이 없는 아이라도 부모가 미션 스쿨 등 종교 계통의 학교를 나왔거나, 자신이 종교적인 환경에서 자란 경우도 그렇다고 합니다.

그러나 그 외의 아이들은 숫자가 많은 쪽이 옳다고 생각하고 다수의 세력쪽에 말려들어 가는 경우가 많습니다. 그것은 선악을 나누는 기준을 가지고 있지 않기 때문입니다.

부처나 신이 '이것은 옳다. 그것은 잘못되었다'고 가르치는 것을 믿고 그 가르침을 바탕으로 행동하는 사람에게는 '촌락 사회에서의 다수가 어떤가?'는 그다지 관계가 없습니다.

그런 사람은 '편하게 살고 싶다'는 생각 따위는 하지 않고 진리를 바탕으로 행동하며 선악을 판정하려고 하기 때문에 "이런 것은 잘못되었다. 이렇게 약한 자를 괴롭히는 것은 잘못이다." 라고 확실하게 말할 수 있습니다.

내가 여러 가지로 경험한 바에 의하면 외국에서 돌아온 사람은 꽤나 "그것은 잘못되었다."라고 말합니다. 국제적인 삶을 살기 위해서는 역시 무엇인가의 기준, 보편적인 규칙이 필요하기 때문입니다. 그 결과 국적이나 민족 의식을 넘어선 기준으로서 올바른 종교의 선악 기준이 나오는 것입니다.

그런 의미에서 앞으로 학교는 국제적인 안목에서 선악을 가르쳐야 하고 올바른 종교적인 기준에서도 선악을 가르치는 교육이 필요하다고 강하게 느낍니다.

올바른 일을 실현하기 위해
삶에 더욱 용기를 가져라 🍂

　세상을 좋게 만들어 가기 위해서는 다수결의 원리에 휩쓸릴 것이 아니라, 보편적인 선악이 무엇인가를 생각하고 행동해 갈 필요가 있습니다.

　특히 젊은 사람들은 더욱 용기를 가지십시오. 젊을 때 용기를 갖지 못한 사람은 나이가 들어도 용기를 가질 수 없습니다.

　젊을 때 용기가 있던 사람도 보통 가정을 갖거나 회사를 다니면서 점점 하고 싶은 말을 하지 못하고 보수화(保守化)되어 갑니다.

　젊은 시절에 용기가 없는 사람은 나이가 들어서도 절대로 용기를 내지 못합니다. 용기를 내어 행동해도 누군가의 반대로 좌절하거나 방해받으면 점점 용기 있는 행동을 할 수 없게 되는 일이 흔히 있습니다.

　그러나 그런 흐름에 맞서서 바른 말하는 사람이 없으면 곤란합니다. 누구나 다 "권력이나 세력이 있는 것에는 반항하지 말고 참고 따르는 쪽이 득이다."라고 말하면 세상은 나아지지 않습니다.

어느 시대나 세상을 좋게 하고 옳은 것을 실현하기 위한 가치관을 추구해 온 것이 종교입니다. 종교는 보편적인 가치관을 전하면서 "이 세상 가치관은 잘못되었다."고 계속 가르쳐 왔기 때문에 옛날부터 기본적으로 이 세상의 가치관을 바꾸는 '혁명운동'과 같은 면이 있습니다.

그 때문에 다수결을 따르면 대개의 경우 처음에는 종교적 견해는 이 세상적 의견에 패배합니다. 그러나 '이 세상은 다수결의 세계니까 다수의 의견이라면 받아들여야 한다'고 생각하면 이 세상적 의견과는 다른 종교적 진리를 지상에 수립할 수 없게 됩니다. 타협을 한다면 종교적 진리는 그것으로 사라져 가게 됩니다.

좋은 세상을 만들고 싶다면 비록 반대에 부딪치거나 박해나 수난을 당하더라도 계속 힘을 내는 것이 중요합니다. 옳은 일을 실현하려면 역시 용기가 필요합니다. 아무쪼록 용기를 가지십시오. 용기를 가진 삶을 살아 주십시오.

05 도전하는
용기가 길을 연다

화제가 풍부한 재미있는 사람이 되어
자꾸자꾸 의견을 말하라

  용기와 관련하여 젊은 사람에게 한 가지 더 덧붙이고 싶은 것
이 있습니다. 그것은 재미있는 사람이 되라는 것입니다.

  종교를 배우는 학생이나 청년은 착실한 사람이 많은데, 윗세
대 사람들은 '그들을 만나서 이야기해 보아도 뭔가 재미가 없
다'고 간주하는 경우가 있는 것 같습니다.

  확실히 어느 종교든지 '부처나 신에 대한 복종과 순종'이라
는 덕목을 강조하기 때문에 종교를 가진 많은 사람 중에는 얌
전한 이들이 많을 것입니다. 그러나 얌전하기만 하고 재미가

없다는 평을 듣는다면 그 사람은 '관심 분야가 좁고 화제가 적다'고 할 수 있습니다.

젊은 시절 나는 결코 재미없는 사람이 아니었습니다.

뉴욕에 머무르던 20대 시절 나는 미국인 친구들에게 솔직하다, 유머러스하다는 평을 들은 일이 많습니다.

미국인에게는 "나는 이렇게 생각한다."라고 말함으로써 내가 무슨 생각을 하는지 잘 알 수 있어서 평판이 좋았고, 주변 사람에게 '아주 재미있는 사람'으로 보였던 것 같습니다.

학생이나 청년 여러분도 부디 재미있는 사람이 되었으면 합니다. 그렇게 되려면 여러 가지 일에 관심을 갖고, 하고 싶은 말을 표현하는 것이 중요합니다. 의견을 자꾸자꾸 말하는 용기 있는 사람이 되십시오. 그리고 좌절이나 실패를 두려워하지 말고 자꾸자꾸 도전하는 사람이 되십시오.

실패를 두려워하는 사람은
이미 젊은이가 아니다

도전하는 한 실패도 있을 것입니다. 목표가 높은 사람은 반드시 실패를 합니다. 그렇다고 실패를 무서워한다면 젊은이가 아닙니다. 실패를 두려워하는 사람은 이미 노인이라고 해도 좋을 것입니다.

나이가 들면 특별히 노력하지 않아도 점점 보수적으로 되고 신중해져서 여러 가지 일에 도전하지 않게 됩니다.

경영자 등은 나이가 들면 대체로 새로운 일에 도전하지 않으므로 물러나라는 말을 듣고 회사에서 퇴출당하는 경우가 많습니다. 시대가 변하는데도 새로운 것에 도전하려 하지 않기 때문에 일정한 나이가 되면 "늙어서 다른 사람들에게 해가 되니까 이제 물러나 주세요."라는 말을 듣고 회사에서 퇴출당하는 것입니다.

젊은 사람에게는 당연히 도전 정신이 있어야 합니다. 없다면 안 됩니다. 나이가 든 사람에게서 하지 마라는 말을 들어도 "무슨 일이 있어도 하고 싶습니다."라고 하며 돌진해 갈 정도의 열정이 있어야 합니다. 그렇지 않으면 젊은이가 아닙니다.

젊은이는 실패를 두려워하지 않고 도전해야 합니다.

실패한 적이 없다고 말하는 사람은 도전하지 않았다고 말하는 것과 똑같습니다.

일에서도 그렇습니다. 일을 하지 않는 사람은 실패가 없지만, 적극적이고 과감하게 일을 하는 사람은 실패의 숫자도 많아질 것입니다.

도전하지 않으면 절대로 새로운 기업을 일으킬 수도 없습니다. 기업을 일으켜도 확률적으로는 열 개에 하나 정도밖에 성공하지 못한다고들 합니다. 그러나 그것을 알면서도 목표를 높게 가지고 도전하지 않으면 길이 열리지 않습니다.

스포츠도 똑같을 것입니다. 야구부나 축구부 등에 속한 사람이 어떻게 해서라도 후보 선수가 되겠다고 뜻을 세운다면 절반 정도가 그 목표를 달성할 수 있을지도 모릅니다. 그러나 정식 선수가 되어 지역 대회나 전국체전에 출전하겠다는 식으로 목표를 크게 세우면 점점 이루기가 어려워집니다. 올림픽 등에서 금메달을 따고 싶다는 목표를 세운다면 99. 99%가 실현되지 않을 것입니다.

어떤 세계에서건 목표가 높을수록 실패할 확률도 높아집니다. 그러나 처음부터 실패하는 것이 두려워서 아무것도 하지 않는다면 아무것도 이룰 수 없습니다.

나 자신도 몇 번이나 실패를 경험하였습니다. 새로운 것을 향해 가는 한 반드시 실패는 하게 됩니다. 도전을 계속하는 한 실패는 나오기 마련입니다. 그러나 인류의 미래를 열기 위해 늘 도전을 계속하고 있습니다. 실패를 두려워하거나 도전하지 않으면 길은 열리지 않습니다.

목표를 낮추면 실패를 하지 않을 것입니다. 아무것도 하지 않으면 실패도 없습니다. 그러나 실패하지 않고 지내는 사람은 아무것도 도전하고 있지 않을 것입니다. 무엇에도 도전하지 않은 채 인생을 마쳐도 정말로 좋습니까?

인생 최대의 실패는 '실패가 한 번도 없다' 는 것입니다. 실패한 적이 없다는 것이 인생 최대의 실패입니다. 그것을 알아야만 합니다.

수없이 많이 실패한 사람은 수없이 많이 도전한 사람이기도 합니다.

부디 실패를 두려워하지 말고 용기를 가지고 도전해 주시기 바랍니다.

사람들의 평가는 나중에 따라온다

'어느 정도의 목표를 세우는가?' 하는 것은 스포츠나 기업 외의 다른 세계에서도 마찬가지 문제입니다. 목표가 높아지면 높아질수록 실패는 많아집니다. 그러나 그것이 옳고 흥미와 관심이 있어서 '하고 싶다'는 마음이 든다면 돌진해 주셨으면 합니다.

특히 젊은 사람은 새로운 시대를 열기 위한 초석(礎石)이 되고 싶다는 커다란 목표를 내걸어주셨으면 합니다.

새로운 시대는 혼자서만은 열 수가 없습니다. 수많은 사람들이 이상을 가지고 도전하다가 도중에 쓰러져서 시체로 길이 뒤덮인다 할지라도 두려워하지 않고 넘어서는 이들이 잇달아 나옴으로써 새로운 시대가 열리는 것입니다.

실패자가 되는 것을 두려워해서는 안 됩니다. 내가 그 시체 중 하나가 되어도 상관없으니까 갈 수 있는 데까지 가겠다고 하는 사람이 역시 청년입니다.

이미 넘어졌다면 5년, 10년, 20년 후에 그 뜻을 이어받고 도전하려는 사람에게 "나를 넘어서 가라. 나의 실패를 참고하고 지혜로 바꾸어 더욱 앞으로 나아가라."고 말하며 격려하는 모습을 보여 주시기 바랍니다.

 나도 비판 따위는 젊을 때부터 산더미처럼 많이 받았습니다. 종교가로 일을 하고 있으면서 '모난 돌이 정 맞는다' 는 수준이 아니라 훨씬 더 심한 비난을 받았지만 태연히 역할해 왔습니다.

 '내가 지는가 봐라' 라고 생각하며 계속 열심히 활동을 하는 동안 차츰 동료가 늘어갔습니다. 나를 믿는 사람들이 늘어남에 따라 단체가 만들어지고, 몇 십 년이 지나자 세간의 평가도 '완전히 거짓말은 아니었던 모양이군' 이라는 식으로 바뀌어 왔습니다.

 사람들의 평가는 훨씬 뒤에 따라오는 법입니다.

 따라서 '지금 당장 사람들의 평가를 받지 못한다면 움직이지 않겠다' 는 식의 사고를 가진 비겁한 인간이 되어서는 안 됩니다. '이건 옳다. 이건 진실이다' 라고 생각한다면 도전하는 정신을 가져야 합니다.

 지금까지는 우정과 용기라는 테마를 중심으로 인간관계를 이루는 방법과 선악의 가치관, 도전 정신 등 인생을 살아가는 가운데 소중한 마음가짐에 대해 설했습니다. 본장이 여러분에게 지침이 되면 좋겠습니다.

2장

좌절에 견디는 힘

시각을 바꾸면 어떤 괴로움도 달리 보인다

THE LAWS OF COURAGE

어떤 좌절도 인생의 열매로 바꾸는
전천후형 인생의 기본 규칙

이 세상에 태어난 의미를 알면
좌절의 적극적 의미도 보인다

본장에서는 '좌절에 견디는 힘'이라는 제목으로 주로 인생의 실패나 괴로움, 비운(悲運) 등을 당했을 때 가져야 할 마음을 설하겠습니다.

성공하거나 승리하는 것은 기쁘지만, 실제로 일생동안 계속 성공하는 것, 계속 승리하는 것은 좀처럼 어렵습니다.

실은 인생의 문제에 맞서는 솜씨가 늘어나면 거기에 상응하여 어려운 문제가 나타나는 법입니다. 성공을 계속하는 사람은 보다 높은 목표를 가지려고 하고, 승부에서 이기는 사람은 보다 강한 상대를 찾습니다. 누구든지 계속 나아가는 가운데 벽에 부딪히는 수가 있습니다.

좌절에 대해 생각할 때 먼저 알아두어야 할 것은 '좌절은 단순한 악이 아니다'라는 것입니다. 이 세상의 눈으로 표면적으로 볼 때는 성공은 선, 실패는 악이라고 간주되기 쉽지만, 깊은 진리의 눈으로 보면 반드시 그렇다고 잘라 말할 수는 없습니다.

이전에 실패학이라는 테마가 유행한 적이 있습니다. 실패학은 똑같은 실패를 되풀이하지 않기 위해 실패의 원인을 명확하게 하는 것입니다.

다른 사람은 어떤 형태로 실패하였는가 사례를 보며 공부하면 자신에게 참고가 되는 바가 있습니다. 똑같은 실패 패턴은 얼마든지 있기 때문입니다.

다른 사람이 해서 잘되지 않았던 방법을 연구하면 어느 정도는 그것을 피할 수 있고, 경우에 따라서는 좀 더 간단히 넘어갈 수 있습니다. 또는 비록 실패를 했다고 해도 너무 심각하게 고민에 빠지지 않고 다음날부터 또 밝게 시작할 수도 있습니다.

실패를 지혜로 바꾸어 가는 관점을 지나쳐버리면 인생을 사는 의의는 상당히 많이 상실되어 버립니다.

종교에서는 애초에 "이 세상은 임시의 세계다."라고 이야기하고 있습니다.

"진정한 세계는 저 세상의 세계이고 이 세상에 사는 것은 일시적으로 고향을 떠나 외국 여행을 온 것과 같다. 이 여행 도중에 여러 가지 실패도 하지만 역시 본래의 세계에 있는 일은 아니다.

인간의 본질은 육체에 깃들인 영적 존재이며, 인간은 혼의 경험을 쌓기 위해 이 세상에 태어난다. 실패나 좌절도 그 경험 속에 들어 있으므로 지혜로 남는다."

이런 내용을 나도 되풀이하여 계속 말해 왔는데 그 말 그대로입니다.

여러분은 보다 결실이 많은 인생을 목표로 삼아야 합니다. 인생의 결실이라는 관점에서 볼 때 성공 체험뿐 아니라 실패 경험에서도 그 속에서 얻는 바가 많지 않을까 합니다.

인생의 결실이라는 관점에서 보면 성공 체험뿐 아니라
실패 경험에서도 얻는 바가 많습니다.

좌절 속에 인생을
풍요롭게 만드는 지혜가 있다 🍂

패전(敗戰)에서 많은 교훈을 배우고 번영을 이룬 일본

좌절을 크게 보면 국가 차원의 것도 있습니다. 예를 들면, 전쟁에 진다는 것도 그 중의 하나일 것입니다.

일본은 청일전쟁과 러일전쟁에서 이겼습니다. 그리고 제1차 세계대전에서도 이긴 쪽에 속해 있었습니다.

당시 일본은 세 번 연속해서 이겼기 때문에 '신국(神國)인 일본은 일단 싸우면 가미카제(신풍 : 神風)가 불어 반드시 이긴다'라고 굳게 믿고 우쭐대던 면이 있었습니다. 그러나 제2차 세계대전에서는 상당히 비참한 패배를 하였습니다.

전쟁에 진다는 것은 괴롭고 슬픈 일입니다. 이 패전이 일본으로서는 커다란 국가적 좌절이었던 것만은 틀림없습니다. 그러나 한편으로는 패함으로써 배운 것도 많았다고 생각됩니다.

제2차 세계대전 후 60년 이상 일본의 번영이 계속되는 것을 보면 일본인은 전쟁에 진 것을 반성함으로써 매우 겸허해졌다고 말할 수 있습니다.

너무 높아진 콧대가 딱 꺾여서 '우쭐대어서는 안 된다'고 생각하며 일본 국민 전체가 정말로 처음부터 다시 시작하는 마음을 가졌습니다. 그리고 국민의 근면한 노력이 결실을 맺어 전후(前後)의 번영으로 이어졌습니다.

당시에는 패전 후 일본의 번영을 아무도 예상하지 못했을 것입니다. 패전 그 자체를 보면 비참한 결과이기는 하지만, 일본 국민이 좌절을 체험한 것은 한편으로는 일본을 크게 발전하게 했습니다.

이와 같이 국가 차원에서도 계속 이기면 우쭐댈 수 있습니다. 일본은 청일전쟁에서부터 세 번 계속 이기기는 했지만 실제로 러일전쟁에서 승리한 것은 판정승이었습니다. 일본은 미국의 중개를 받아 간신히 러시아를 이겼던 것입니다. 사실은 이미 일본은 계속 싸울 힘이 없었으므로 일본이 승리한 것은 신기할 정도였습니다.

본래는 이길 수 없는 전쟁을 결과적으로 승리해버리면 우쭐대는 사고방식이 생길 수 있습니다.

인생을 비약하는 기회를
놓치지 마라 🌶

　계속 성공하면 우쭐대서 실패한다는 것은 기업에도 해당하는 말입니다. 마츠시타 코노스케(松下幸之助)는 "너무 성공이 계속되는 것은 좋지 않다. 그러므로 세 번 정도 성공하면 한 번 정도는 실패하는 편이 좋다."고 말했습니다.

　이 말은 물론 실패를 권유하는 것은 아닙니다.

　성공을 계속하면 역시 우쭐대어 틈이 생기게 마련입니다. 계속 자만하게 되어 자신을 보지 못하고 파멸로 가는 커다란 실패를 하는 수가 있습니다. 그러나 세 번 정도 '잘 했다'고 느끼다가 한 번 정도 '아차 실패한 걸까?' 라고 생각되는 일이 있으면 그것으로 마음을 다잡게 됩니다. 마치 요리에 넣어 딱 제 맛을 내는 소금에 비유할 수 있는, '반성하여 겸허해지지 않으면 안되겠다' 라는 마음이 드는 수가 있습니다.

　마츠시타 코노스케의 말은 인생의 달인으로서 한 이야기일 것입니다.

　단순히 '계속 승리하거나 성공하고 있다' 고 생각되는 때는 객관적인 정세 판정을 못하거나 진정한 싸움을 하며 도전하지 않을 수 있습니다.

실패나 좌절을 단순히 악이라고 간주하고 그것을 피하는 것을 인생에서 승리하는 것이라고 생각하는 것은 잘못입니다. '비약하는 기회, 즉 혼이 변화하고 개화하는 커다란 기회를 놓치는 것' 이 될지도 모르기 때문입니다. 그와 같은 면도 알아두지 않으면 안 됩니다.

좌절에 굴하지 않는
사고방식을 만들기 위한 힌트

보통 때와는 다른 각도에서 바라보라

풍요로운 사회가 될수록 사람들이 요구하는 수위도 높아지고 만족하는 수준도 쑥 올라갑니다. 그리고 사람들은 다른 이들과 비교하는 세상 속에서 승패에 따라 기뻐하거나 괴로워하거나 합니다.

그러나 만사(萬事)를 보는 견해는 한 가지만 있는 것이 아닙니다. 가끔씩 시각을 바꿔 보면 실패나 좌절 등의 괴로움도 다르게 보이는 수가 있습니다.

아래에 몇 가지 예를 구체적으로 서술해 가겠습니다.

시각을 바꾼다 ① 환경이 바뀌면 같은 경치도 달리 보인다

인도와 비교하면 도쿄(東京)는 미래 도시로 보인다

이 책을 읽는 당신도 지금 자신이 처한 환경에 불만을 품고 괴로워하고·있을지 모르겠습니다. 그러나 외국인이 보면 당신이 사는 장소는 전혀 다른 경치로 비칠지도 모릅니다.

나는 인도에 2주일 정도 갔다가 일본에 귀국한 직후 미래 도시에 온 것 같다고 느낀 적이 있습니다. 나리타(成田) 공항에서 도쿄로 돌아올 때 너무나도 일본의 도로가 매끄럽게 정비된 것에 놀랐습니다. 마치 우주선(UFO)를 타고 공중을 날아다니는 듯한 느낌이 들 정도로 자동차는 흔들림이 없었습니다.

인도에 가기 전에는 일본 도로를 막힌다, 차가 많다는 정도로 생각하고 있었지만 매끄럽다고 의식한 적은 없었습니다.

그러나 인도에서 불교 유적 등을 돌아볼 때 대부분 도로가 포장되지 않았거나 구멍이 나 있거나 해서 자동차 타이어가 빠져버릴 듯이 덜컹거리며 달렸기 때문에 일본의 도로가 믿을 수 없을 정도로 완벽하게 포장되어 있다고 느꼈습니다.

그와 같이 만사는 다른 시각에서 보면 달리 보이는 법입니다.

만사(萬事)는 다른 시각으로 보면 달리 보입니다.

시각을 바꾼다 ② 학력이 인생의 전부는 아니다

편차치[3]가 높은 학교일수록 자살률이 높다

젊은 세대의 괴로움을 수험 등과 같은 장애물에서 생각해 보겠습니다.

수험 전쟁은 그 속에 처한 사람에게는 괴로운 일일 것입니다. 그러나 교육을 충분히 받을 수 없는 나라의 사람들과 비교하면 공부할 기회가 훨씬 많은 나라의 사람들은 무척 행복한 환경에 있다고 말할 수 있을지도 모릅니다. 아무쪼록 그러한 시각을 가져 주었으면 합니다.

현재의 학교는 편차치에 의해 많은 계층으로 나누어져 있으므로, 수험생은 입시에서 합격 또는 불합격이라는 성공과 실패를 맛보게 됩니다. 그러나 편차치가 높은 학교에 들어가면 성공했고 낮은 학교에 들어가면 실패했다고 단정할 수 없습니다.

출신 학교의 편차치가 높아지면 자살률도 높아지는 경향이 있다고 지적하는 사람도 있습니다.

행복의 과학에서도 몇 년 전부터 자살 방지 캠페인 등을 벌이고 있는데 인생의 밑바닥에 있는 사람이 자살하고, 잘되는 사람

---

3) **편차치** - 지능이나 학력 검사에서 그 사람의 점수가 전체 중 어느 정도 수준인지 나타내는 지표

은 자살하지 않는다고 말할 수 있는가 하면 반드시 그렇다고는 할 수 없습니다. 어느 정도 잘 나가던 사람이 도중에 좌절했을 때 자살하는 일도 많습니다.

30여 년 전 도쿄대학에 막 입학했을 때 들었던 이야기가 지금도 기억에 남아 있습니다.

어떤 교수가 큰 교실에서 "문(文)Ⅰ 학생 중에서 매년 한 명은 꼭 자살합니다. 그러나 문Ⅱ 학생은 자살하지 않습니다."라고 말했습니다. 문Ⅰ이란 문과(文科) 일류(類)의 약자로 관료나 법조계 지망생이 많은 법학부 코스이고, 문Ⅱ는 문과 이류의 약자로 졸업 후에 기업에 취직하는 사람들이 많은 경제학과 코스입니다.

그 교수는 "문Ⅰ에는 지방에서 1등을 하던 사람들이 전국에서 모여들기 때문에 '내가 1등이 아니면 견딜 수 없다'고 생각하면 좌절을 견뎌내지 못하고 자살하는 수가 있다. 그러나 그런 식의 견해, 사고방식은 옳지 않기 때문에 주의하라."고 했습니다.

지방에서 1등을 하던 사람만 모아 놓아도 1등에서 최하위까지 순위가 나오는 것은 당연한 일입니다. 그러나 그것을 받아들일 수 없어서 자살하는 사람이 나오는 것입니다.

미리 포기하는 마음을 조금 가지고 있던 사람은 좌절에 강하고 '최고급이라고 인정받지 못하면 견딜 수 없다'고 생각하는 사람은 간단히 죽어버립니다.

인생 초기에 잘 나가던 사람은 도중에 길이 막히기 시작하면 괴로워합니다. 내 인생에 길이 잇따라 열리지 않는다면 참을 수 없다고 생각하기 때문에 일이 잘 풀리지 않으면 충동적으로 자살해버립니다.

한편 편차치가 그렇게 높지 않은 학교에 들어간 사람은 비교적 빠른 시기에 포기를 하고 있어서 자신의 분수에 넘치는 소망은 별로 가지지 않습니다. 인생의 최초 단계에서 '나는 별 볼일 없구나'라고 생각하고 있으면 그렇게 간단히 죽지 않습니다. 그런 사람의 인생이 술술 풀리면 다들 놀라지만, 실제로 편차치가 높지 않은 학교에 들어갔다고 해도 인생 후반부터 잘되는 사람도 있는 법입니다.

시각을 바꾼다 ❸ 직무상 실패에 견디는 힘도 실력이다
인생의 이른 시기에 실패하면 좌절에 대한 면역이 생긴다

극단적인 예일지도 모르지만 노숙자들은 새와 경쟁하면서 사람들이 버린 것을 먹거나 야외에서 자거나 하면서 의외로 당당

하게 살고 있습니다.

그런데 의외로 대기업의 사장이나 부장 같은 사람이 회사가 망할 것 같으면 자살하기도 합니다. 노숙자라고 불리는 사람들과 비교하면 천국이라 부를 정도로 좋은 환경에서 사는데도 좋은 입장에 있는 그들이 오히려 죽음을 택해버리는 것입니다.

일본의 경우 도쿄대학 법학과를 우수한 성적으로 졸업하고 재무성(財務省)[4]에 들어가도 출세 경쟁에 밀려서 인생을 비관하며 자살해버리는 사람도 있습니다.

어느 쪽이 인생의 승자이고 어느 쪽이 패자인가를 생각한다면 어느 때 우수하다고 칭찬받다가 실패하였다고 하더라도 휙 뛰어내려 죽어버리는 삶을 선택해서는 안 됩니다. 그런 인생은 한심하다고 말하지 않을 수가 없습니다.

자살에까지는 이르지 않는다 하더라도 직무상 실패는 얼마든지 있습니다. 그리고 그것을 견디는 힘이 각각의 사람에게 있습니다. 실패나 어려움에 견디는 것도 역시 인생을 사는 실력입니다.

언제나 주변 사람들에게 '금이야 옥이야'라는 식으로 칭찬받

---

4) **재무성** - 옛 명칭은 대장성(大藏省). 우리나라의 재정경제부에 해당한다.

거나 존경받지 않으면 안 된다고 생각하는 사람에게는 쉽게 좌절이 찾아옵니다.

그러나 넙치나 가자미처럼 몸을 모래색으로 위장하고 바다 밑바닥을 기는 듯한 인생을 고생스럽게 보내온 사람들은 넓은 눈으로 세상을 보고 세상의 표준치를 잘 알고 있는 경우가 많습니다. 그런 사람들이 점점 늠름해져서 어려움에 지지 않고 살아가는 경우가 많습니다.

인정받지 못한 시절, 불우한 시절, 실의의 시절을 비교적 인생의 이른 시기에 경험한 사람이 면역력이 생겨서 강합니다.

그런 점에서 생각하면 수험 공부 등으로 힘들겠지만 큰마음을 먹고 도전했다면 합격하지 못해도 좋다고 학생들에게 말해주고 싶은 때도 있습니다.

빨리 실패를 경험해두면 면역력이 커집니다. 세상이 그렇게 만만하지 않다는 것을 알게 됩니다. 이것은 정말로 좋은 일입니다. '세상은 자신의 마음대로 움직이지 않는다'는 것을 알아두면 사고방식이 견실해집니다. 그리고 장래에 자신이 생각하는 대로 되지 않는 일이 있더라도 '아직도 길은 있다'라고 생각할 수 있는 기질이 생깁니다.

'행복해지기 위해서는 이 조건이 충족되지 않으면 안 된다'
라고 생각하는 사람이 많은데 이와 같은 사고방식에는 문제가
있다고 할 수 있습니다.

시각을 바꾼다 ④ 사람은 겉모습만으로는 보이지 않는 것이 있다
다른 사람들에게는 말할 수 없는 미인의 고생

여성이라면 미인으로 태어나면 행복할 것이라고 누구나 생각
할 것입니다. 그러나 실제로 미인으로 인생을 보내는 것은 상당
히 힘들 것이라 생각됩니다.

최근에는 스토커 문제가 많이 발생하고 있는데 사실 남자가
여성을 좇아다니는 것은 옛날부터 흔히 있던 일입니다. 주위에
서 미인이라고 불리는 사람은 출근이나 등교 도중에 누군가가
길에서 기다리고 있거나, 몇 번이나 편지를 보내거나 전화를 걸
어오는 그런 성가신 일을 겪는 때가 많을 것입니다.

한 명의 멋진 남성이 좋아해 준다면 몰라도 너무 많은 사람들
에게 호감을 받는 것은 상당히 힘듭니다.

인간은 다른 사람에게 '염파(念波)'를 받으면 영능력자(靈能力者)가 아니라도 생령(生靈)[5]에 의해 몸이 칭칭 조이게 되는 듯한, 뭐라고 말할 수 없이 기분 나쁜 느낌이 드는 법입니다. 영적인 눈이 열린 나로서는 그것을 잘 알 수 있습니다. 미인으로 지낸다는 것도 힘든 법입니다.

시각을 바꾼다 ⑤ 돈은 좋게도 나쁘게도 작용한다
돈에 휘둘리는 사람, 빚을 지고 부지런해지는 사람

돈 그 자체는 좋은 쪽으로도 나쁜 쪽으로도 사용되지만, 대부분의 오래된 종교는 돈을 나쁜 쪽으로 받아들여서 '금전은 몸을 망친다' 는 식으로 설하고 있습니다.

실제로 돈에 여유가 생기면 착실하게 일하지 않는 사람이 많을 것입니다. 평균적으로 인간은 빌린 돈을 갚아야 하는 등의 필요에 쫓기지 않은 한 여간해서는 필사적으로 일하지 않습니다. 10명 중에서 8명 정도는 그렇지 않겠습니까?

집을 지을 때 30년 상환대출을 받았기 때문에 정년까지 회사

---

5) **생령** - 살아 있는 사람의 강한 생각이 다른 사람에게 실질적인 영향을 미치는 것

를 그만둘 수 없다, 아이 교육비가 들기 때문에 일하지 않으면 안 된다, 사업에 실패해서 필사적으로 일하지 않으면 안 된다는 등 사람이 일하는 이유는 여러 가지가 있을 것입니다.

슬픈 일이기는 하지만 빚이 있으면 마지못해 일하고, 빚이 없으면 일하지 않겠다는 사람이 많은 것 같습니다.

반대로 보통 우리 인간은 여유가 있으면 마음이 해이해지기 쉬운 법입니다. 큰돈이 수중에 들어오는 일이 생기면, 일본의 소설가인 아쿠타가와 류노스케(芥川龍之介)[6]의 소설 『두자춘(杜子春)』의 주인공처럼 부어라, 마셔라하면서 많은 사람들에게 한턱내다가 금방 망해버리는 사람도 많을 것입니다.

돈은 아니지만 공부도 이와 비슷한 면이 있습니다. 평균적인 사람은 노력한 것이 생각했던 것 이상으로 좋은 성적이 나오면 금방 게을러져버리고, 성적이 내려가면 그제서야 겨우 분발하기 시작합니다.

결혼도 같습니다. 많은 남성들이 자신이 바라는 예쁜 여성을 아내로 맞이하는 대신 가정을 꾸려가기 위해 몇 십 년이나 일을 계속 하지 않으면 안 됩니다. 말하자면 인생의 이른 단계에

---

6) **아쿠타가와 류노스케** - 생존 기간 1892~1927년, 일본 소설가. 『나생문(羅生門)』, 『지옥변(地獄變)』 등의 작품이 있다.

서 자신의 미래를 담보로 잡히는 것과 같은 면이 없지 않아 있습니다.

상당한 빚을 지고 갚는다는 느낌으로 가족을 부양하기 위해 몇 십 년이나 애를 쓰는 것입니다.

어떤 의미에서는 결혼 등 세상 제도가 실로 잘되어 있다고 할 수 있습니다. 상당히 성악설(性惡說)이라고 느껴지기도 하지만, 인간의 해이함이나 우쭐댐, 오만함 등을 잘 알고서 만들어진 시스템이라고 느껴집니다.

시각을 바꾼다 ⑥ 부족한 것이 있기 때문에 노력한다
인간의 해이함을 보완하는 인생의 교묘한 구조

인간에게는 무엇인가가 부족하면 근면해지지만, 그것이 채워지면 갑자기 해이해져서 게을러지는 성향이 있습니다. 이러한 면 때문에 세상 구조로서 완벽한 평등 사회를 만드는 것은 거의 불가능합니다.

예를 들어 프로 야구나 축구의 세계에서도 일류 선수와 그렇지 않은 선수는 보수가 몇 십억 원 정도로 큰 차이가 납니다. 그런데 만약 모든 선수의 보수가 능력이나 성과에 관계없이 똑같다면 어느 누가 진지하게 노력하겠습니까?

그렇게 생각하면 보수의 차이는 선수로 하여금 좀 더 열심히 노력하게 하고 그에 따라 시합이 재미있어지게 하는 요인이라고 할 수 있습니다.

넓은 안목으로 보면 사람들 사이에 여러 가지 차이가 있는 것이 사회의 다양성을 만들어내고, 각자 자기 길에서 노력해 갈 가능성을 낳고 있습니다. 그것을 알아야만 합니다.

시각을 바꾼다 ⑦ ## 냉정한 눈으로 자신을 본다

자신의 소망이 다른 사람의 가치관에 의해 영향을 받고 있지 않은가

청소년기에서 어른이 될 때까지 역사를 돌이켜 본다면 아마도 누구나 다 자기실현을 할 수 없던 적이 너무나도 많았다는 것을 알고 놀라게 될 것입니다. 각각의 시점(時點)에서 '이렇게 되고 싶다'고 바랐지만 많은 일들이 그렇게는 되지 않았다는 것을 느낄 것입니다.

그러나 일정한 연령을 지나면 자기실현을 할 수 없었던 것에 대해 '뭐, 그걸로 됐지. 그걸로 나는 내 나름의 길을 발견할 수 있었던 거겠지'라고 느끼게 됩니다.

젊을 때에는 무엇인가를 원해도 이루어지지 않는 경우가 대부분입니다. 그 소망 중에는 자신의 마음에서 직접 나온 것도 있겠지만, '친구가 그렇게 말했다. 친구들이 다들 가고 싶어한다. 부모가 그렇게 원했다'는 등 다른 사람의 가치관에 의해 영향을 받은 것도 많습니다.

인생에는 갈림길이 많은데 인간은 한 가지 길밖에 걸을 수 없습니다. 몇 개나 되는 길을 동시에 걸을 수는 없습니다.

누구나 가고 싶어 하는 길을 나도 가겠다고 해도 그 길이 막혀서 갈 수 없는 경우가 있습니다. 그럴 때는 슬픔을 느끼게 됩니다.

그러나 차츰 자신의 길이 확실해져서 '나의 길을 간다'는 것에 대해 소중함을 알게 되면 '나는 나의 길을 걸을 수밖에 없다. 이것 외의 길에서는 만족할 수 없다. 나의 인생을 다른 사람의 인생과 바꾸지 않아서 다행이다'라고 느끼게 됩니다.

이 세상과 저 세상을 몇 번이나 전생윤회(轉生輪廻)하는 당신이라는 존재가 이번 생에서 지상의 삶을 살게 된 이유는 일생을 통해서 '새로운 개성'을 얻는 데에 있습니다. 새로운 개성을 얻기 위해 태어난 인생이므로 다른 사람과 똑같지 않아도 됩니다. '다른 사람과의 차이를 즐긴다. 독특함을 즐긴다'는 마음을 가져야만 합니다.

누구나 가고 싶어 하는 곳에 가는 것은 어떤 의미에서는 괴로움이 많은 인생으로 내몰리는 것과 같을지도 모릅니다. 누구나 다 가고 싶어 하는 곳은 당신에게는 행복한 길이 아닐 가능성이 아주 높습니다.

따라서 냉정하게 보는 눈도 필요합니다.

누구나 다 부러워하는 길이 좋다고는 할 수 없다

세상에는 많은 사람에게 부러움을 살 만한 일을 하는 엘리트가 있습니다. 그러나 그런 사람들에게도 고뇌는 있습니다. 좌절과는 관계없는 길을 걷는 것처럼 보이더라도 마음속을 들여다보면 그들에게도 나름의 좌절감이 있어서 괴로워하고 있습니다.

● **의사가 되기까지 좌절**

엘리트의 예를 들기 위해 의사가 되는 것을 목표로 하는 사람의 인생을 더듬어 보고자 합니다.

초등학생이나 중학생 시절에 의사가 되고 싶다는 뜻을 가진 사람이 있다고 합시다. 의사가 되려면 의과대학에 들어가지 않으면 안 됩니다. 그러나 어느 대학이나 의과대학의 정원은 적어서 들어가기가 어렵습니다. 그 때문에 의과대학에 불합격하는 사람이 많이 나옵니다. 의과대학에 불합격하면 의사가 되겠다는 목표의 1단계에 좌절이 생깁니다. 우선 의과대학에 들어가지 못했다는 좌절입니다.

그러나 의과대학에 들어가더라도 국가시험에 합격하지 않으면 의사가 될 수 없습니다. 이 시험도 전원이 합격하는 것은 아닙니다. 유감스럽게도 떨어지는 사람이 나오게 됩니다. 매년 의사고시의 합격자는 수험자의 80%에서 90% 정도입니다. 그 중에는 몇 번이나 시험을 봐도 합격하지 못하여 의사가 되지 못하는 사람도 있습니다.

의과대학에 들어갈 수 없었던 사람도 안타깝지만 '의과대학에 들어갔지만 의사가 될 수 없었다'고 하는 사람은 더한 실패감을 갖게 됩니다. 이것도 좌절입니다.

의사고시에 합격하고 인턴으로 일하는 단계에서 자신은 의사란 직업이 적성에 맞지 않는다고 판명되는 사람도 나옵니다. 안타까운 일이지만 공부를 잘해서 의과대학에 들어왔지만 실은 적성에 맞지 않는 것을 뒤늦게 알게 되는 사람도 있습니다.

의사에게 필요한 것은 물리나 수학, 영어 등의 수험 과목보다도 인간관계일 것입니다. 의사는 인간을 상대하지 않으면 안 되기 때문에 공부는 좋아하지만 인간은 싫다고 하는 사람이 의사가 되면 상당히 비참해집니다. 의과대학의 과목을 아주 잘했어도 사람을 싫어하는 사람은 이 단계에서 좌절을 하게 됩니다.

● 의사가 되고 나서 좌절

실제로 의사로 일하는 단계에서는 대학병원에 남고 싶다고 희망해도 남을 수 있는 사람과 그렇지 못한 사람이 생기게 됩니다.

개업의(開業醫) 중에도 높은 수입을 올리고 잘되는 사람이 있는가 하면, 개업에 들어간 대출금을 갚지 못해서 괴로워하는 의사도 있습니다. 대출금을 갚지 못하여 적자로 괴로워하고 있으면 치료에 임할 때 '이런 짓을 해서는 안 된다'고 생각하면서도 "당신은 중병입니다."라고 말하여 약을 더 먹게 한다든지, 입원 기간을 연장해서 양심의 가책을 느끼는 의사도 당연히 나오게 됩니다.

대학병원에 남은 사람에게도 여러 가지 일이 일어납니다. 자

신의 희망대로 대학병원에 남을 수 있는 사람은 행복하고 남을
수 없는 사람은 불행한 것처럼 보이지만, 그 후에도 길은 여러
가지로 나뉘어집니다.

대학병원은 상하관계가 매우 엄격하고 봉건적인 세계이므로
이 '봉건제'를 견디지 못하는 사람이 많습니다. 대개 공부를 아
주 잘했던 사람은 인간관계가 별로 능숙하지 않습니다. 오히려
인간관계가 서투른 사람이 많은데, 그들은 이 봉건적인 폐쇄체
제 속에서 질식할 것처럼 느끼며 괴로워합니다.

대학병원에서는 사적인 감정이 개입되어 공평한 대우를 받지
못함으로써 생기는 인사(人事)도 있습니다. 즉 교수의 눈에 들
지 못한 사람은 좌천되기도 합니다.

또 진실을 말했기 때문에 좌천되어버리는 경우도 있습니다.
예를 들면 수술에 실수 등이 있어서 병원 직원 전원에게 함구령
이 내려졌을 때 외부에 누설하지 마라는 말을 듣고도 정직하게
말하는 사람이 있습니다. 그는 대단히 양심적인 사람이어서 죽
은 환자의 가족에게만은 "실은 회복될 수 있었는데 수술에 실
수가 있었습니다."라고 진실을 말합니다. 그로써 수술에 실수
가 있었음이 발각되어 경찰이 조사하러 오면 병원에서는 "저
사람이 누설했다."라는 말을 듣고 좌천해버립니다. 바른 행동

이기는 해도 이 세상에서는 일시적으로 좌절하게 되는 경우도 있습니다.

국립대학에 남아서 우수한 교수가 되었는데도 제약회사로부터 뒷돈을 받았다는 이유로 지위에서 물러나는 사람도 있습니다. 의사로서는 우수해도 법률 지식이 부족해서 일어나는 비극입니다. '어떤 경우가 뒷돈에 해당하는가?'도 잘 알지 못한 채 금품 등을 받아버렸기 때문입니다.

이 외에도 의과대학의 자금을 다른 데로 돌려쓰다가 좌절하는 사람도 있습니다.

이와 같이 일반적으로 사람들에게 엘리트로 간주되는 의사들도 여러 가지 좌절을 겪으며 잇달아 탈락해 갑니다.

● 의사로서 정상에 오르고 나서 좌절

의사로서 일을 완수하고 교수가 되었다고 해도 나중에 후회하는 사람도 있습니다.

의과대학에서 '인간의 마음은 뇌의 작용이다. 뇌가 전부다'라고 하는 유뇌론(唯腦論)을 설하여 명예교수가 된 어느 유명한 해부학자가 있는데, 그에게 가르침을 받은 의학생 중에서 사이비 종교에 빠져서 큰 사회 문제를 일으키는 사람이 나왔습니다.

이것도 한 가지 좌절이라고 말할 수 있을 것입니다.

자신이 가르친 제자인 의사 중에서 그런 사람이 나오면 교수로서는 무엇 때문에 그런 사이비 종교에 빠졌는가에 의문을 품고 괴로워할 것입니다.

그 제자는 사이비 종교의 영현상(靈現象)에 홀려서 '정말로 이런 세계가 있었단 말인가? 모교의 교수가 가르쳤던 유뇌론은 거짓이었단 말인가?' 라고 놀라서 그 사이비 종교에 출가자로 들어가 독가스를 만드는 집단을 선전하는 역할을 떠맡았습니다.

그러나 영현상 중에는 좋은 것도 있고 나쁜 것도 있으며, 악령(惡靈)에 의한 것도 많습니다. 자신이 가르쳤던 유뇌론이 잘못되었기 때문에 제자가 사이비 종교에 들어가버렸는데, 그 교수는 그것을 아직 깨닫지 못하고 있습니다.

그 교수는 '의사는 신비한 힘이나 신앙심, 종교를 부정하는 것이 당연하다'고 생각하는지 모르겠지만 그것은 옳지 않습니다. 유명한 의사이면서도 신비의 힘이나 신앙의 힘을 인정하는 사람도 있습니다.

예를 들어 노벨 생리학상, 의학상 수상자이기도 한 알렉시스 카렐(Alexis Carrel)은 신기한 치유력이 있다고 알려진 프랑스의 '루르드의 샘'을 방문했을 때 불치병 환자가 회복되는 기적을 목격하고 신비의 힘을 인정하였습니다(알렉시스 카렐 저, 『루르드로의 여행, 기도』, 『인간 그 미지의 존재 Man, the Unknown』, 『인생의 고찰 Reflections on life』 등 참고).

의학과 종교는 양립할 수 없는 것이 아닙니다.

종교를 부정하는 의사는 이와 같은 영적인 지식이나 경험이 부족한 세계에서 살아온 경우가 많습니다.

이와 같이 의사로서 정상에 올라 성공한 것처럼 보여도 나중에 좌절을 겪는 사람도 있습니다.

좌절해서 좋았던 경우도 있다

안보투쟁의 패배가 일본의 번영을 낳았다

이상으로 여러 가지 예를 들어 만사를 대하는 견해는 하나만이 아니라고 서술했는데, 마찬가지로 과거에 좌절했던 것을 시간이 지나고 보면 결과적으로 좋았다고 하는 경우도 있습니다. 그 한 예로서 일본의 안보투쟁 이야기를 하고자 합니다.

나는 '70년 안보'[7]가 끝난 조금 후에 대학생 시절을 보냈습니다. 당시 대학에는 학생들 사이에 좌절감이 감돌고 있어서 교수와 학생 간에 불신이 남아 있었습니다.

나보다 조금 윗세대의 사람, 이른 바 '단괴(團塊)의 세대'[8]인 사람 중에는 학생 시절에 '안보투쟁'에 참가하여 좌절을 체험한 이가 많이 있습니다. 그 학생 운동에 참가한 한 사람 한 사람에게는 안보투쟁에 패한 것은 좌절의 체험이었을지도 모릅니다.

안보투쟁이란 '미일(美日)안전보장조약(안보조약)'에 대한 반대 운동을 말합니다. 1960년과 1970년에는 '60년 안보'[9]와 70년 안보라고 불리는 두 개의 큰 절정기가 있었습니다. 그 시절 제대로 공부도 하지 않고 안보투쟁만 했던 학생들이 상당히 많았는데, 결국 그것은 실패로 끝났습니다.

그러나 이 실패 후 일본의 번영이 있었다고도 할 수 있습니다. 그리고 미일안전보장조약은 지금도 계속되고 있으며, 이 조약에 의해 일본은 지금도 미국과 군사동맹관계에 있습니다.

---

7) **70년 안보** - 1960년에 미일 안보조약이 체결된 10년 후, 조약의 연장을 반대하는 좌익 및 학생들에 의해 일어난 대규모 반대 운동. 안보투쟁이라고도 한다.

8) **단괴의 세대** - 덩어리라는 뜻. 일본에서 1947~1949년 무렵의 베이비 붐 시대에 태어난 세대를 이르는 말로, 다른 세대에 비해 인구가 특히 많았던 데서 비롯되었다.

9) **60년 안보** - 1960년 미일안보조약 체결 당시 있었던 전 사회적인 반대 운동. 이 운동을 계기로 좌익 운동이 일본 대학 사회를 뒤덮었다.

반대 운동에 굴하지 않고
신념을 관철한 키시 수상 🍃

가장 절정에 달했던 60년 안보는 키시 노부스케(岸信介)[10] 수상 시절에 있었던 일입니다.

그때는 수상 관저도 시위대에 포위되고 말았습니다. 수상 관저를 경비하던 경찰은 "수상 각하, 빨리 피하십시오. 더 이상 지켜드릴 수 없습니다. 경찰의 힘으로는 지켜드리는 것이 무리입니다. 이것은 혁명이니까 목숨을 보장할 수 없습니다."라고 말했던 모양입니다. 그런 내부 사정을 적은 것을 읽은 적이 있습니다.

그런 중에서도 키시 수상은 '미일안보조약을 맺는 쪽이 일본을 위한 일이다' 라는 생각을 관철시켜 안보조약의 개정을 단행해 갔습니다. 그리고 곧 퇴진을 표명했으나 괴한에게 허벅지를 찔려 중상을 입었습니다. 그야말로 혁명전야라고도 할 수 있는 시대였다고 할 수 있을 것입니다.

---

10) **키시 노부스케** - 1896~1987년. 일본의 정치가. 1957년 2월에 수상이 되어 1960년 7월까지 정권을 잡았다. 1960년에는 반대파가 국회를 포위하는 가운데 미일안보조약 체결 결정을 단행한 후 총사퇴하였다. 그 후에도 6번 연속 당선하여 장로로서 영향력을 계속 행사했다.

그러나 그 결과를 지금의 눈으로 살펴보면 역시 '안보조약을 파기하지 않는다'는 판단이 그 시절 반대했던 많은 사람들의 견해보다 옳았다고 할 수 있습니다.

안보조약을 파기했더라면 일본은 지옥이 되어 있었을 것이다

그 시절 만일 일본이 좌익진영에 굴복해서 안보조약을 파기하여 구 소련과 중국쪽에 붙었더라면 그 후의 번영은 없었을 것입니다. 혹은 더욱 더 비참하게 되어 국민 중 천만 명 정도가 살해당했을지도 모릅니다. 많은 사람들이 사상범으로 잡혀 들어가서 살해될 우려도 있었습니다.

당시는 북한이 지상낙원이라는 식으로 불리고 이상적인 나라인 것처럼 일컬어지던 시대입니다. 그리고 일본인의 상당수가 일본을 북한과 같은 나라로 만들려고 안보투쟁 등을 했는데, 실은 그 많은 사람들이 잘못된 정보에 홀려서 북한에 대해 환상을 가지고 있었던 것입니다.

그 후 만약 일본이 북한처럼 되었다면 불행하게도 지옥과 같은 상태가 되었을 것입니다. 만약 그렇게 되었다면 많은 일본인들이 살해되었을 것입니다. 그러나 안보조약을 파기하지 않았기에 실제로는 그렇게 되지 않을 수 있었습니다.

안보투쟁에서는 많은 사람들이 좌절감을 맛보았지만, 결과를 보면 패해서 다행입니다.

안보투쟁에 좌절하여 최악을 면한 정치학자

60년 안보 당시 이론적 지주였던 사람 중 한 명으로 마루야마 마사오(丸山眞男)[11]가 있습니다. 그는 당시 도쿄대학의 정치학 교수로서 학자의 입장에서 안보투쟁을 선동하고 있었습니다. 그러나 앞에서 설한 바와 같이 안보투쟁은 실패했습니다. 좌절한 그는 교수직을 일찍 그만두고 그 후에도 그다지 실속 있는 일을 하지 않았습니다.

---

11) **마루야마 마사오** - 1914~1996년. 일본의 정치사상가

나는 그가 사후(死後)에 어떤 세계로 돌아갔는지 영적으로 조사를 해 보았는데, 천국이 아닌 지옥의 세계에 가 있었습니다.

그는 인간으로서 악인은 아닙니다. 또한 천재 기질을 가진 학자이며 일본에서는 존경도 받고 있습니다. 도쿄대학의 정치학에는 마루야마 학파가 있어서 그의 제자들이 많이 있습니다. 이렇게 좋은 평가를 받고 있는 사람이 지옥에 떨어진 이유는 사람들을 사상적으로 잘못된 방향으로 이끌었기 때문입니다.

마루야마 마사오가 교수직를 일찍 그만둔 것은 옳은 좌절이었다고 할 수 있습니다. 살아 있는 동안 좌절했던 것이 오히려 좋았습니다. 만약 안보투쟁이 성공했다면 그는 더욱 더 깊은 지옥에 떨어져서 사탄(악마)이라고 불리며 많은 사람들을 현혹하는 존재가 되었을지도 모릅니다.

그 후 70년 안보 시절에 일어난 학원분쟁의 광경을 당시 중학생이 되기 직전이었던 나도 텔레비전에서 본 기억이 납니다. 헬멧을 쓰고 마스크를 끼고 도쿄대학의 야스다 강당에서 농성하는 학생들을 기동대가 둘러싸고 물을 뿌리고 있었습니다.

그들은 수업을 보이콧하거나 입학시험을 중단시키거나 하면서 많은 사람에게 폐를 끼쳤는데, 결국 그 운동은 일종의 퇴행 현상으로 유아로 되돌아가는 것이었다고 할 수 있습니다. 어른이 되고 싶지 않은 학생들이 사회인으로서 책임을 느끼지 못한 채 그저 날뛰고 있었다는 면이 강했다고 할 수 있습니다.

혁명과 같은 커다란 운동이라면 어느 정도 숫자가 되는 사람들의 의지가 있더라도 실패하는 수가 있는데, 애당초 하고자 했던 일의 결론이 잘못된 것이라면 좌절되는 쪽이 결과로서는 좋습니다.

안보투쟁을 했던 사람 중에는 지금까지도 좌절감을 안고 지내는 사람도 많은 모양인데, 부디 그런 관점을 알아 주셨으면 하는 바입니다.

03 좌절에 대한 대응력을
한 등급 올려라

인생에서 좌절은 피할 수 없다

또 다시 나는 여러분에게 다음과 같은 것을 말씀드리고 싶습니다.

현재 일본에는 1억 2천~3천만 명, 한국에는 5천만 명, 세계에는 6십 억이 넘는 사람들이 있습니다. 각자가 나름 성공을 향한 길을 그리며 살고 있을 것입니다. 이렇게 많은 사람들이 살고 있어서 여러 곳에서 분쟁이 일어나고 있습니다. 자신이 바라는 것을 다른 사람에게 빼앗기거나 망치거나 하여 잘되지 않는 일이 있는 것은 당연합니다.

예를 들어, 입시 경쟁률이 2배가 넘으면 떨어지는 사람이 많아지는 것처럼 취직이나 출세 등 같은 것을 구하는 사람이 늘어나면 그만큼 실현이 어려워지는 수가 있습니다.

의사가 되려고 해도 의사가 될 수 없고, 사장이 되려고 해도 좀처럼 되지 못합니다. 큰 회사에 들어가도 대부분 사람은 사장이 될 수 없기 때문에 스스로 회사를 세워서 사장이 되었더니 금방 회사가 망해버리는 경우도 있습니다.

그와 같이 세상은 좀처럼 생각대로 되지 않습니다. 인생은 좌절로 가득 넘쳐나 있고 누구든 뭔가 조금이라도 위쪽을 지향하면 좌절이 생깁니다.

다만 좌절하는 것 자체는 피할 수 없어도 그것을 어떻게 받아들이고 대응하는가에 대해서는 사람에 따라 상당한 차이가 있습니다. 좌절에 대응하는 힘에도 일종의 실력 차이가 있습니다.

좌절에 대응하는 힘은
사람에 따라 수준 차이가 있다

대응력 ❶ '하(下)의 하(下)' 수준 : 자포자기한다

좌절했을 때 자포자기하며 난폭해지는 사람이 있습니다. 좌절로 집 안팎에서 날뛰며 세상을 원망하는 사람은 가장 아래 수준에 있습니다.

대응력 ❷ '하(下)의 상(上)' 수준 : 슬픔을 견딘다

좌절하여 괴롭고 슬픈 상태에 있어도 어떻게든 견디고 어떻게든 인생을 살아가는 사람이 있습니다. 좌절은 힘들지만 어떻게든 견디며 살아가는 사람은 그 다음 정도의 수준이 될 것입니다.

대응력 ❸ '중(中)의 하(下)' 수준 : 좌절이 계속되면 견디지 못한다

조금 위의 수준이 되면 한 번 좌절했을 때 어떻게든 견뎌내고

평정심을 되찾아 '아직 기회는 있다. 큰 실패를 했지만 아직 할 수 있다'고 생각하지만, 좌절이 두 번, 세 번 닥치면 견디지 못하고 자포자기 하는 사람이 있습니다. 그런 사람의 수준은 평균보다 조금 낮습니다.

한 번으로는 이상해지지 않지만, 두 번, 세 번 좌절이 계속 되면 자포자기하여 세상 사람들을 원망하기 시작하는 사람은 중(中)의 하(下) 수준에 머무릅니다.

대응력 ④ '중(中)의 상(上)' 수준 : 좌절을 극복하려고 한다

몇 번인가 좌절하여 슬프고 괴로운 상태에 있어도 어떻게든 극복하여 조금이라도 좋은 길을 열기 바라며 이를 악물고 힘을 내는 사람은 평균보다 조금 위의 수준에 있을 것입니다.

대응력 ⑤ '상(上)의 하(下)' 수준 : 좌절 속에서 하늘의 뜻을 감지한다

좌절에 대응하는 방법에서 상위 부류에 들어가는 이는 어떤 사람이겠습니까? 한 단계 커다란 세계적인 안목으로 자신의 존재 양식을 보는 사람입니다. 그 좌절 속에서 하늘의 뜻을 감지하여 '나 자신의 인생궤도에 무엇인가 문제가 있는 것은 아닐까? 내가 생각하는 방향이 아닌 곳에 운명이 있는 것은 아닐까? 길이 있는 것이 아닐까?' 라고 생각할 수 있는 사람입니다.

이 세상에서 생을 누린 지 10년, 20년, 30년이 지나는 동안 경험이나 지식, 주위 사람들의 의견 등에 의해 '이 길이 나를 살리는 길이다' 라고 생각하고 있었는데, 그것이 잘되지 않아 실패하는 경우가 있습니다. 이 경우 자신의 지식이나 경험에도 한계가 있고 부모 등 주위 사람들의 의견에도 한계가 있으므로 역시 '한 단계 더 큰 하늘의 뜻이 작용하고 있는 것이 아닐까?' 라고 감지하는 것이 중요합니다.

대응력 ⑥ '상(上)의 상(上)' 수준 : 좌절 속에서 행복의 씨앗을 발견한다

하늘의 뜻, 하늘의 배려를 느끼면서 좌절 속에서 행복의 씨앗을 찾아내는 노력을 하는 사람입니다.

좌절 속에서 하늘의 뜻, 커다란 하늘의 조치를 느끼고 '하늘이 내가 이 길을 가지 않도록 했던 것은 역시 이번 생의 인생수행, 혹은 전생에서부터 가져온 과제, 카르마〔업장(業障)〕가 있는 것이겠지' 라는 식으로 생각함으로써 좌절을 받아들이는 데 그치지 않고 더욱 더 '행복의 씨앗을 발견해 간다' 는 사고방식을 만들어 간다면 최상위 부류에 들어가지 않을까라고 생각할 수 있습니다.

좌절을 성공으로 바꾸는 행복의 씨앗을 붙잡아라

새로운 자기 자신을 만들기 위해 과거 자신의 '체계적 폐기(廢棄)'[12]를 행한다

지금까지는 좌절 속에서 행복의 씨앗을 찾아낸다는 내용을 서술하였습니다. 본장의 서두에 실패학에 대해 언급했는데, 실

---

12) **체계적 폐기** - 새로운 변혁을 시도해 가기 위해서 지금까지는 중요하거나 필요했던 것이 업무, 공정, 시스템, 설비였다고 하너라도 단계적으로 폐지해 가아 한다는 것을 말한다. 예를 들어, 지금까지 100의 일을 하는 조직에서 새로운 변혁을 위해 새롭게 20의 일을 추가해야 한다면, 기존 100의 일 중에서 20을 폐기하지 않으면 변혁하기가 어렵다. 시장은 매해 변하고 기업은 매해 새로운 변혁을 해야 살아남을 수 있는 시대이므로, 기존의 것을 재고(再考)하여 폐기할 것은 차례로 폐기하고 새로운 방식을 도입해야 하는데, 이러한 일련의 과정을 가리켜 '체계적 폐기' 라고 일컫는다.

패라고 생각되는 것 속에 실제로는 그 다음 성공의 씨앗이 있습니다.

성공을 계속하는 것만 가지고는 왜 성공했는지 잘 알 수 없는 경우가 있는데, 실패를 하면 무엇인가 한 가지만은 확실히 깨닫습니다. '이걸 가지고는 안 된다' 는 것을 아는 것입니다. 그러므로 실패 속에서 연구함으로써 다음 성공의 씨앗을 얻을 수 있습니다.

이것은 하지 않고 단순히 운명만 탓하며 세상 일을 이래저래 말해 봤자 아무 소용이 없습니다. 역시 실패 속에서 배우려고 하는 것이 중요합니다.

과거의 성공 속에 새로운 성공은 없습니다. 도전해서 새로운 환경을 추구한다면 그 환경에 맞춰서 과거의 자신을 체계적으로 버리지 않으면 안됩니다. '체계적 폐기'를 행하여 새로운 자신을 만들지 않는 한 과거와 똑같은 성과를 낼 수 없습니다.

자신에게 좌절이나 실패가 닥쳐왔을 때는 그 속에서 그 다음 성공을 가져오는 행복의 씨앗을 발견해 가야만 합니다. 새로운 자신을 발견해 가야만 합니다.

좌절이 있기 때문에 실은 새로운 자신으로 변화하고 발전할 수 있다는 것을 읽어내어야만 합니다. 이것을 읽어내고 살려서 본래 자신의 소질과 능력을 늘리지 않으면 안 됩니다.

옛날 일본의 어느 씨름 선수는 "씨름판에 내던져졌을 때 자기 몸에 붙은 흙을 맛보고 씨름판에 남겨진 자기 몸의 흔적을 가만히 응시할 수 있을 정도의 사람이 아니면 최고 자리에는 오를 수가 없다."고 말했다고 합니다.

이것은 '자신을 바꾸기 위해서는 패배에서 배우는 엄격함을 자신 속에 가지고 있어야만 한다'는 것입니다.

운(運), 불운(不運)과 같은 것에만 자신을 맡길 것이 아니라, 실패를 가만히 견디면서 '어째서일까? 어떻게 하면 좋은가?'를 깊이 생각해서 성공의 종자를 손에 넣는 사람은 처음부터 태도가 다릅니다. 그런 사람에게는 패했을 때 자신이 쓰러졌던 흔적을 가만히 눈여겨 보고 다음 일을 생각해 가는 면이 있습니다.

04 좌절을 힘차게 극복하는
최고의 삶이란

한 가지 도리를 관철하여
자신의 인생을 살아라

　나도 여러 가지 일을 경험해 왔습니다. 젊은 시절에는 종교가가 되리라고는 생각하지 않았기 때문에 내가 그리던 인생의 궤도와는 다른 길을 여러 갈래로 걸어왔습니다. 그러나 그때 경험이 지금 여러 가지 형태로 힘이 되고 있다고 생각합니다. '인생은 앞일을 알 수 없기 때문에 좋은 점도 있다'라고 생각하는 편이 좋습니다.

　'열심히 정진하고 있지만, 내 눈앞에서 일어나는 성공이나 실패 속에서 하늘의 뜻을 읽어 간다. 하늘의 의지는 어디쯤 있는

지를 차근히 읽어 간다' 는 생각이 중요합니다.

　스스로 의도하는 마음만 가지고는 전부를 알 수 없습니다. 자아만으로는 도저히 알 수 없습니다. 성공이나 실패 속에서 '어떤 하늘의 뜻이 있는가? 하늘은 나에게 무엇을 가르치려고 하는 것일까?' 를 겸허하게 배우고 감지하는 것이 필요합니다.

　그리고 마지막으로는 이렇게 생각해야 합니다.

　'나에게 최고의 삶이란

　역시 나 자신이 제일 잘 살려지는 삶이다.

　다른 사람의 입장과 내 입장을 바꾼다고 해서 내가 행복

　해지지는 않는다.

　나에게 맞는 입장과 직업, 삶으로 나 자신이 살려지는

　것이 최고다.

　하늘의 뜻에 의해서도 살려지고

　자신의 재능이나 정진에 의해서도 살려지는 길이 최

　고다.'

남의 가치관이나 척도에 휘둘려서는 안 됩니다.

인생은 주변 사람들의 말을 듣지 않으면 안 되는 때도 있지

만, 주변 사람들이 아무리 무슨 말을 해도 들으면 안 되는 때도 있습니다. 한 가지 도리를 관철하면서 살아가는 삶도 중요합니다.

불행을 당했을 때 어떻게 맞서는가 🍂

비운에 대처하는 길 : 어떤 사과 과수원 경영자의 삶

불운과 대결하는 방법에 대해서는 내가 학생 시절에 읽은 문장 중에서 마음에 남는 것이 있습니다. 일본에서는 유명한 『지로(次郎) 이야기』라는 소설의 저자인 시모무라 코진(下村湖人)이 쓴 '비운(悲運)에 대처하는 길' 이라는 제목의 글 속에 소개된 이야기입니다.

거기에는 젊어서 사과 과수원을 경영하기 시작하여 20대에 상당한 성공을 거둔 청년과 시모무라 코진이 주고받은 문답이 쓰여 있습니다.

"사과 과수원을 경영하기 시작한 후 가장 힘들다고 느낀 것은 무엇이었습니까?"라는 물음에 그 청년은 "이 일을 시작한 첫

해에 태풍이 덮쳐와 힘들게 키운 사과가 어이없이 땅에 내팽개쳐지는 것을 보고 당장이라도 미칠 듯이 괴로웠습니다."라고 대답하였습니다.

그러나 그 청년은 사고방식을 바꿈으로써 그 후에는 태풍이 와서 피해를 입어도 괴롭게 느끼지 않게 되었다고 합니다.

청년은 이렇게 말했습니다.

"태풍은 자연현상입니다. 매년 불어올 것이라고 각오하지 않으면 안 됩니다. 사과가 바람에 떨어지는 것은 하늘의 뜻에 맞지 않기 때문입니다. 하늘의 뜻에 맞는 사과라면 반드시 가지에 남습니다. 실제로 아무리 심한 태풍에도 떨어지지 않는 사과가 반드시 몇 개는 있지 않습니까? 나는 그렇게 사고방식을 바꿨습니다".

역시 이런 마음이 중요합니다. 자신이 기른 사과를 떨어지지 않게 하기 위해 태풍을 멈추게 할 수는 없습니다. 이 사업가에게는 태풍이 와도 떨어지지 않고 남는 사과를 만들고 싶다고 생각했던 것이 인생의 한 가지 전환점이 되었는지도 모릅니다.

어떤 좌절이나 실패도
극복하는 마음을 가져라

　이 사과 과수원 경영자와 같은 사고방식을 가지고 있는 사람
은 지옥의 악마들이 노려도 여간해서 쓰러뜨릴 수가 없습니다.
　똑같은 일을 해도 여러 가지 불만이나 못하는 이유를 대는 사
람이 있을 것입니다.
　'태풍 탓으로 몇 달 동안이나 일한 것이 허사가 되었다, 정부
가 보조금을 주지 않다니 나쁘다, 부모의 직업이 농부였던 게
나쁘다, 이런 시기에 태풍을 불게 한 신(神)이 나쁘다'는 등 자
신이 불행해진 이유를 대자면 얼마든지 생각할 수 있습니다.
　그러나 인간은 거기서 좌절하면 안 됩니다. 그것을 하늘의 조
치라고 깨닫고 어떻게 하면 잘 처리할 수 있을까를 생각하며 노
력하는 가운데 그 사람 고유의 큰 성공을 이룰 수 있습니다.
　세상에는 많은 사람들이 살고 있으므로 모든 사람들이 누구
라도 부러워할 만한 성공을 거두는 것은 있을 수 없다고 보아도
좋습니다.
　여러분 인생에서도 실패나 좌절은 얼마든지 나올 것입니다.
그러나 똑같은 입장에 처해도 보살과 같은 마음을 가지는 사람

이 있는가 하면, 지옥의 악마와 같은 마음을 가지는 사람도 있다는 것을 잊지 마시기 바랍니다.

어떤 좌절이나 실패 속에서도 하늘의 뜻을 감지하고 자신이 할 수 있는 최선의 노력을 다하여 새로운 길을 여십시오. 환경은 바꿀 수 없더라도 사고방식과 심경을 바꾸면 그것을 얼마든지 극복해 갈 수 있습니다.

그러한 것을 교훈으로 삼고 좌절에 견디는 힘을 길러주었으면 합니다.

용기를 가지고 껍질을 깨자

인간은 조금 머리가 좋아지면
우유부단해지거나
세세한 일에 너무 신경을 쓰거나
자기 규제를 하거나 해서
'못하는 이유'를 실로 정연하게 설명한다.

그러나
이런 능력은 단련해도
세상에 도움이 되지는 않는다.
새로운 일을 하고
그것을 발전시키고자 바란다면

못 하는 이유가 아니라

어떻게 하면 할 수 있을까를

늘 생각해야 한다.

용기를 가지고 껍질을 깨라.

그리고 행동하라.

못하는 이유를 말할 것이 아니라

어떻게 하면 할 수 있단 말인가를

언제나 자신에게 묻는 당신이 되어라.

환경은 바꿀 수 없더라도 사고방식과 심경을 바꾸면
그것을 얼마든지 극복해 갈 수 있습니다.

3장

헝그리 정신을 잃지 마라

지적 단련을 거듭하면 특별한 인간이 된다

THE LAWS OF
COURAGE

헝그리 정신을 가진 사람은
나이가 들어도 젊은이다

젊고 무명(無名)하고 가난한 시절의 대명사

나의 저서 중에는 자조노력론(自助努力論)을 중심으로 설한 『청춘의 원점』이라는 책이 있습니다.

본장에서는 이 『청춘의 원점』을 바탕으로 하여 '헝그리 정신을 잃지 마라' 라는 주제로 젊은 사람을 비롯하여 중견이나 장년인 사람들에게도 참고가 되는 바를 서술하고자 합니다.

우선 헝그리 정신이란 무엇인지 조금 설명해두겠습니다.

'헝그리(hungry)' 란 영어로 '공복(空腹)이다, 뱃속이 비었다, 배고프다' 라는 의미인데, 여기서는 공복이라는 것을 육체적인 의미가 아니라 좀 더 정신적인 의미로 사용하고 있습니다.

나는 『청춘의 원점』의 머리말에서 '젊고 무명하고 가난했던 시절을 나의 혼이 괴로워하면서 누에가 실을 토해내어 실을 자아냈던 것과 같은 작품이다'라고 썼습니다. 이 헝그리 정신이라는 말은 '젊고 무명하고 가난하다'라는 말의 대명사와 같은 것입니다.

젊은 사람은 나이가 어리다는 것만으로 어른들로부터 가볍게 취급당하기 쉽습니다. 젊고 훌륭한 사람은 거의 없기 때문에 손아래 사람으로 간주되어 가볍게 취급당하는 일이 많습니다.

젊은 사람은 대개는 무명(無名)합니다. 유명한 젊은이란 정말로 적고, 연예인이나 스포츠 선수 등에 일부 있는 정도입니다.

나아가서 젊은 사람은 일반적으로 가난한 법입니다. 물론 부모가 부자인 사람도 있겠지만, 학생 신분이라면 용돈에는 한계가 있으므로, 그저 그런 낮은 수준에서 생활하는 사람이 많으리라고 봅니다.

그와 같은 면에서 젊은 사람들은 '아직 아무 것도 아닌 자신'을 느낄 것입니다. 아직 아무 것도 아닌 '낫씽(nothing)'으로 세간의 누구에게서도 어엿한 존재로 인정받지 못하는 것입니다.

그 때문에 젊은이는 빨리 어엿한 사람으로 인정받고 싶다는 강한 희망을 가지고 있을 것입니다.

이런 마음이 바로 내가 모든 사람이 가졌으면 하는 헝그리 정신입니다.

현 상태에 만족하지 말고 늘 새로운 것에 도전하라 🌸

젊은 사람은 비교적 이 헝그리 정신을 갖기 쉽다고 할 수 있습니다.

공복 시에 배가 부를 때까지 먹고 싶다고 바라는 것과 마찬가지로 '남에게 인정받고 싶다, 존경받고 싶다, 성공하고 싶다, 좀 더 성장하고 싶다, 훌륭해지고 싶다, 좋은 일을 하고 싶다, 좀 더 남을 가르칠 수 있을 만한 어른이 되고 싶다'는 것 등을 바라면서 여러 가지 면에서 부족함을 느낄 것입니다. 그것이 젊은 사람의 상태일 것입니다.

현재 30대, 40대, 50대, 혹은 그 이상 나이대의 사람들도 모두 젊은 시절에는 헝그리 상태에 있었습니다. 그런데 차츰 나이가 들면서 헝그리 정신, 공복의 느낌을 잃게 됩니다. 점점 '인생은 이런 것이다'라고 현재 상태를 받아들이며 흘러가게 되는 것입니다.

그리하여 나이가 들면 푸념이나 변명이 많아지고, 병이나 건강의 문제가 주된 관심사가 되어 미래가 보이지 않는 상황이 됩니다.

인생은 대개 그와 같이 헝그리 정신을 잃는 흐름으로 이어지는데, 30대, 40대, 50대, 60대가 되어도 헝그리 정신을 계속 가져 주셨으면 합니다.

헝그리 정신을 잃으면 이미 젊은이가 아닙니다. 그 사람이 젊은이인지 아닌지를 나누는 것은 이 헝그리 정신이 있느냐, 없느냐는 것입니다. 즉 '아직 나는 충분치 않다. 아직 배가 부르지 않다'는 기분이 드는가, 아닌가입니다.

바꿔 말하면 '네버 기브 업(never give up)'의 정신입니다. 네버 기브 업이란 '결코 포기하지 않는다'는 뜻입니다.

'아직 포기하지 않았다'는 마음이 있는 동안에는 젊은이라고 할 수 있습니다. "아직 나는 포기하지 않았다. 아직 한 송이 꽃을 피우겠다. 아직 헝그리 정신을 가지고 있다."고 하는 사람은 비록 나이가 40세이든, 50세이든, 60세이든, 70세이든, 80세이든 마음만큼은 젊은이입니다.

대개의 사람은 도중에서 포기해버립니다. '현재 상태대로, 지금 있는 이대로가 좋다'고 생각하여 타성에 젖어버립니다. 관성의 법칙으로 삶을 그대로 살며 향상을 추구하지 않게 됩니다. 그 이상 향상된 단계로 올라가려고 하지 않고, 그 이상 어려운 일을 하려 하지 않고, 그 이상 새로운 일에 도전하려 하지 않는 것입니다. 이것이 헝그리 정신을 잃은 상태입니다.

나이가 든 사람들은 헝그리 정신을 가지고 있던 젊은 시절의 자기를 다시 한 번 돌이켜 보셨으면 합니다.

02 자신을 성장시키기 위한 세 가지 시각

의외로 알아차리지 못하는 두뇌와 체력의 밀접한 관계

 헝그리 정신을 가지면서 성장해 가기 위한 방법을 서술하겠습니다.

 우선 중요한 것은 '두뇌를 단련한다, 체력을 단련한다, 정신력을 단련한다' 는 것입니다. 『청춘의 원점』 제1장 '영 붓다를 지향하여' 에서도 '10대 후반부터 20대 전반까지 중요한 것은 두뇌와 몸과 정신력을 단련하면서 어른이 되기 위한 직무 능력을 익히는 일이다' 라고 서술하였습니다.

 첫 번째 두뇌를 단련하는 것에 대해서는 학교 교사들도 가르쳐 주었을 테니까 누구든지 어느 정도는 하고 있을 것입니다.

　두 번째의 체력을 단련하는 것에 대해서는 체육 교사나 스포츠 선수에게나 해당하는 일이지 나와는 별로 관계가 없다고 생각될지도 모릅니다. 그러나 실은 두뇌를 단련하는 것과 체력을 단련하는 것은 깊은 관계가 있습니다.

　누구나 20대 전반 정도까지는 스포츠도 하고 공부도 합니다. 몸이 강하니까 그 관련성을 알 수 없지만, 30대, 40대, 50대가 되면 이 양자에 밀접한 관계가 있다는 것을 알 수 있게 됩니다.

　학생 시절은 몸을 단련하고 공부도 한다는 것이 어렵지 않기 때문에 문제가 없지만, 사회인이 되고 나서는 몸을 단련하는 노력을 게을리하면 머리까지 나빠지는 수가 있습니다. 그런 것은 아무도 가르쳐 주지 않으므로 모르는 사람이 많을 것입니다.

일이나 공부가 잘 진척되지 않는다면 체력이 떨어졌을 가능성이 있다 🍂

　학생 시절에는 "머리를 단련하고 몸을 단련하여 공부와 스포츠에 힘써라."라는 말을 자주 듣는데, 실은 이것이 인생의 기본입니다.

다만 사회인이 되어서도 그것을 계속할 수 있는 사람이 적다는 것뿐입니다. 사회인이 되면 직무로 상당히 지치게 되고, 직무 외의 나머지 시간에 머리와 몸을 단련하는 것이 매우 어렵습니다.

어지간히 인내력이 있고 끈기가 없으면 머리와 몸을 계속 단련할 수 없습니다.

다만 이것을 명심한 사람과 그렇지 않은 사람은 점점 차이가 벌어집니다. 그것은 확실히 말할 수 있습니다.

20대와 30대 이후에 '책을 읽을 수 없게 되었다, 일이 잘 진척되지 않게 되었다'고 느낀다면 체력이 떨어졌을 가능성이 매우 높으므로 어떤 형태로든 생활 속에서 스스로 운동을 해야 합니다.

학생 시절은 몸이 강해서 대개는 하룻밤 자고 나면 회복되니까 피곤하다는 것을 잘 모릅니다.

머리가 피로하다는 것도 마찬가지입니다. 젊은 사람이라도 머리가 피로한 느낌을 아는 이가 있을지 모르겠지만, 대부분은 하룻밤 자고 나면 회복되기 때문에 보통 사람은 알지 못합니다.

나도 젊었을 때는 머리가 피로하다는 것을 별로 느끼지 못했습니다. 일정한 연령을 넘어서자 공부를 너무 많이 해서 머리가 피로해지는 것을 알 수 있게 되었습니다.

산책이나 기타 운동을 적당히 하지 않으면 어려운 책 등을 읽을 수 없게 됩니다. 몸을 풀어서 혈류(血流)를 좋게 하지 않으면 공부를 계속할 수 없게 됩니다.

'나는 지적인 일에 종사하고 있으니까 몸은 생각하지 않아도 된다'며 체력을 경시해서는 안 됩니다. 육체적인 기초를 제대로 계속 만들지 않으면 지적 활동도 멈춰버려서 늙는 속도가 빨라집니다.

의지와 습관의 힘으로
공부와 운동을 양립하라

나이가 늘고 싶지 않다면 정기적으로 몸을 단련하는 일이 중요합니다. 특히 공부와 운동을 양립하면서 계속해 가는 데는 상단한 의지력이 필요합니다. 그런 의미에서 몸을 단련하는 것은 정신력을 단련하는 것으로도 이어집니다.

　대개의 경우 공부를 하는 사람은 운동을 못하게 되고, 운동을 하는 사람은 공부를 못하게 되는 경향이 있습니다. 그리고 양쪽을 하려고 하면 평범한 사람이 되어버립니다. 정말로 힘든 선택지(選擇肢)입니다.

　그럼 공부만 하고 있으면 몸이 약해져 가고, 운동만 하고 있으면 성적이 나빠지고, 공부와 운동을 양쪽 다 하면 보통 사람이 되는 것을 어떻게 하면 벗어날 수 있겠습니까?

　이 양립하기 힘든 것을 양립시키는 것이 지혜이며, 의지의 힘입니다.

　처음에는 의지의 힘이 상당히 필요합니다. 자신을 격려하면서 단련해 가다 보면, 차츰 관성의 법칙이라고 할 수 있는 일종의 습관의 힘이 작용하게 됩니다. 습관의 힘에 의해서 노력하는 부담을 느끼지 않고 공부를 쉽게 할 수 있게 되면 실력이 상당히 올라갔다고 할 수 있을 것입니다.

의지의 힘으로 자신을 단련하며 격려해 가다보면
습관의 힘이 작용합니다.

03

어떤 나이부터라도
새로운 인생을 열 수 있다

잘하는 과목을 보면 적성을 알 수 있다

특히 젊은 사람의 경우 가장 큰 괴로움은 역시 장래 직업에
관한 일일 것입니다.

학교 공부를 하는 가운데서도 '나는 어떤 직업으로 성공할
까? 어떻게 장래를 설계해 갈까?' 라는 장래 직업 설계로 고뇌
하는 사람이 많을 것입니다.

나아가서 '지금 학교에서 하는 공부는 직접적으로 직업으로
이어지지 않는다. 영어, 수학, 사회, 현대문학, 고전문학 등 여
러 가지를 공부하지만, 이것들이 그대로 직업으로 이어지는 것
은 아니다. 내가 지향하는 직업과는 관계가 없는 것도 많이 있

다'고 하는 등 학교 교과 과정에 대한 불만도 있을 것입니다.

그러나 전국의 학생이 똑같은 교과 과정으로 공부하고 있는 데도 잘하는 과목과 못하는 과목이 나눠지는 것은 학교에서 공부를 하면서 실은 자신의 장래 직업이 선택되고 있다고 생각할 수 있습니다.

대개의 경우 직업으로 맞는 것은 자신이 잘하는 과목과 같은 계통입니다. 좋아하는 것을 해서 능숙해져라고들 하는데, 좋아하는 쪽이 자신의 적성에 맞다고 생각해도 좋습니다.

가령 영어를 무척 좋아해서 영어 공부가 즐겁다고 생각된다면 역시 영어와 관계가 있는 직업으로 나아가면 성공할 가능성이 매우 높을 것입니다.

또 '수학을 좋아해서 그만둘 수 없다. 수학을 공부하고 있으면 정말로 지적인 쾌감이 든다'는 사람은 수학을 사용하는 직업으로 나아가는 것이 좋을 것입니다.

혹은 공부는 소질이 없어서 안 되지만 체육에는 자신이 있다는 사람은 몸을 사용하는 직업을 생각하는 편이 좋을 것입니다.

힉교의 교과 과정에 불만이 있는 사람도 있겠지만, 잘하는 과목과 못하는 과목의 차이가 나는 것은 장래 자신이 나아가야 할 길을 가르쳐 주고 있다고 생각할 일입니다. 잘하는 과목과 못하

는 과목의 균형을 보고 '나의 운명(진로)은 무엇인가?'를 아셨
으면 합니다.

공부를 잘하는가 어떤가에 따라
어울리는 직업이 다르다 🍂

기술을 익히기 위한 전문학교에 가는 사람도 있는가 하면, 전
문대학에 가는 사람도 있고, 4년제 대학에 가는 사람도 있습니
다. 각각의 대학은 입학시험의 난이도가 다릅니다.

그러한 것에 의해 인간에게 어떤 차이가 생기는지 결론을 말
하면 4년제 대학의 어려운 학과에 갈수록 추상적인 사고방식
을 잘할 수 있게 됩니다. 실제로 눈으로 보거나 손으로 만질 수
없는 것이나, 구체적이지 않은 말로 엮은 생각이나 구조 등 그
와 같은 추상적인 용어를 이해할 수 있게 됩니다. 공부를 잘해
서 고학력일 경우 추상적인 용어를 잘 이해할 수 있게 되는 것
입니다.

대학 입시의 모의고사나 기타 여러 가지 어려운 시험에서 좋

은 성적을 받지 못해서 세간에서 초일류라고 불리는 대학에 갈 수 없다고 생각되는 사람은 구체적이고 현실적인 직업쪽에 맞다고 할 수 있을 것입니다.

공부를 잘하는 사람은 연구자나 관리, 은행원 등 추상적인 사고가 필요한 직업이 어울리는 경향이 있습니다. 한편 공부를 잘 못하는 사람은 어느 정도 방향성을 집약해서 구체적인 물건이나 고객 등을 상대로 하는 현실적인 일에 자신의 재능을 맞춰가면 성공하기 쉽습니다.

학문에 의해 다른 사람이 될 수 있다 🔸

젊어서 공부를 못하여 좋은 진로 선택이 어려웠다고 해도 18세나 19세 무렵의 선별에 지나지 않으므로, 인생을 다시 시작하는 것은 아직 얼마든지 할 수 있습니다. 도중에 발분하여 다른 길에 들이기는 것 물론 가능합니다.

가령 고교 시절에는 영어를 잘하지 못해서 영어와 관련되지 않은 일에 종사했던 사람이 외국에 가서 일을 해 보고 싶다는 생각으로 30대, 40대부터 영어 공부를 시작했다고 하더라도 성공할 가능성은 있습니다.

그것이 학문의 힘입니다. 학문을 한 사람과 하지 않은 사람의 차이는 분명히 나타납니다.

일본의 계몽 사상가 후쿠자와 유키치(福澤諭吉)가 백 몇 십 년 전에 쓴 베스트셀러 『학문의 권유』라는 책에서 그가 말하는 바는 한 가지입니다.

"인간은 평등하며 출생에 의한 귀천은 없다. 다만 학문을 했는가, 아닌가에 의해서 차이가 난다."

그의 말은 학문을 하면 다른 인간이 될 수 있다는 것입니다. "학문을 하면 거기에 걸맞은 직업에 종사할 수 있고 다른 인간이 될 수 있다. 인간의 차이는 학문의 차이다."라는 말을 하여 그는 당시 메이지 시대 사람들을 격려했습니다.

이 후쿠자와 유키치의 말은 어떤 의미에서는 현재도 효과가 있다고 생각됩니다.

그는 학문 중에서도 '실학(實學)'을 배우도록 사람들에게 권했습니다. 실학이란 실용적인 학문, 실제로 이 세상에서 사용할 수 있는 학문을 말합니다. 외국어는 물론 법률학, 경제학, 경영학 계통의 학문, 공학 계통의 건물을 짓거나 다리를 놓거나 하는 건축학 등도 모두 실학입니다.

후쿠자와 유키치가 그런 실용적인 학문을 권유한 것은 매우 중요한 계몽 활동이었다고 생각됩니다.

나는 종교가로 활동하고 있는데 내가 대학에서 공부한 것은 법률학과 정치학이었습니다. 종교가가 되려고 한다면 보통은 문과 계통의 종교학과나 인도철학과, 철학과 등을 졸업하는 것이 왕도처럼 간주됩니다.

그러나 나는 종교쪽 학문은 전공하지 않았고, 사회에 나가서도 20대 때는 주로 경제나 경영, 국제관계 등 실학에 관한 것을 공부했습니다. 그리고 퇴근 후나 휴일 등에 여가를 활용해서 종교, 사상, 정신세계 등을 공부하여 종교쪽으로 본업을 바꾸었습니다.

그 때문에 행복의 과학에도 일정한 특징이 분명하게 나타나고 있습니다.

그 하나는 행복의 과학 신자에게는 여러 가지 종교를 믿어왔던 소위 종교가 취미인 사람보다도 행복의 과학 가르침을 접하고 처음으로 종교세계에 들어온 사람이 아주 많다는 점입니다.

또 하나는 종교인이라면 신앙을 강하게 내세우는 것이 당연하지만, 내가 실용적인 학문을 하고 나서 종교 세계에 들어왔기 때문에 합리적인 정신과 단념하는 것이 명확하다는 점입니다. 세상 것에 대해 쓸모 있는가, 없는가를 간파하여 가치가 없는 것에 대해서는 '가치가 없다'고 분명히 잘라 말하는 자신이 있다는 것입니다.

이러한 점이 행복의 과학이 다른 종교와는 크게 다른 점이라고 할 수 있습니다.

노력을 거듭해 가는 가운데
천상계의 타력이 임한다

나는 자조 노력의 정신을
한시도 잊은 적이 없다

나는 1986년 10월 6일에 행복의 과학을 입종(立宗)했습니다. 최초에는 다다미 여섯 장짜리 사무실 한 칸을 빌려 자원봉사자인 직원 두 명과 출발했습니다. 현재는 일본 전국에서 크게 활동을 전개하고 있고 해외에도 널리 퍼져가려 하고 있습니다.

그 배후에는 물론 천상계의 지도령, 지원령(支援靈)들의 힘, 이 세상적인 아닌 힘이 많이 작용하고 있는 것이 사실입니다. 그로 인해서 힘이 10배, 20배, 100배나 증가한 것은 확실하지만, 다만 그것만이 전부가 아닌 것도 사실입니다.

나는 500권이 넘는 책을 썼고 수많은 설법을 해 왔습니다. 그 배경에는 나의 지적인 노력에 의한 집적이 상당히 많습니다.

지난 20여 년 동안 나는 나름대로 노력해 왔습니다. 천상계에서의 타력[13]은 임하고 있었지만 나는 타력에만 의지한 일은 없었습니다.

나는 자조 노력의 정신 즉 셀프 헬프의 정신을 학문에 뜻을 두었던 10살 때부터 시작하여 본격적으로 학문에 몰두했던 20세 무렵, 그리고 현재에 이르기까지 40년 이상 한시도 잊은 적이 없습니다. 하늘은 스스로 돕는 자를 돕는다는 것을 잊은 적이 없습니다.

여러분도 밤낮없이 노력하는 사람을 보면 그에게 협력하거나 응원하고 싶을 것입니다. 그런데 게으름을 부리거나 일을 어중간하게 하거나 그럴 듯한 모습만 보이면서 '어떻게든 편하고 보자'라고 생각하는 사람을 보면 도와주고 싶다고 느끼겠습니까? 그 사람을 존경하거나 응원할 수 있겠습니까?

천상계의 고급령(高級靈)들도 마찬가지입니다. 역시 열심히 노력하는 사람, 앞뒤 없이 꾸준히 노력하는 사람을 응원하고 싶

---

13) **타력** - 자신 외의 불신(佛神)의 힘을 받는 것

어 합니다. 그들은 그런 사람을 응원하여 지도자로 삼고 싶다고
바라고 있습니다.

인스피레이션[14]은 노력하는 사람한테로 내려온다 🍂

　외국 속담에 "악마는 인간을 게으름뱅이로 만들려고 노리는
데, 게으름뱅이는 자기쪽에서 악마를 끌어들인다."라는 말이
있습니다. 즉 게으름뱅이는 타락의 길을 가고 싶어서 견딜 수
없는 것처럼 악마를 불러들이고 만다는 것입니다.

　악마가 가장 싫어하는 것은 꾸준하고 부지런한 타입의 인간
입니다. 겸허하고 꾸준히 노력을 계속하며 착실하게 정진해 가
는 사람을 악마는 가장 싫어합니다.

　그 유형의 사람은 악마와는 아무래도 파장이 맞지 않습니다.

　행복의 과학에서는 "자신을 다스려라, 노력하라"는 식으로

---

14) **인스피레이션** – 천상계에서 주는 영적 깨우침

가르치므로 '엄한 소리를 하는구나'라고 느낄지도 모르지만, 그것은 악마한테서 여러분을 지키는 방법이기도 합니다. 그리고 고급령에게 보호받고 그들의 응원을 받기 위한 방법이기도 합니다. 노력의 의미는 거기에도 있습니다.

그와 같이 노력하며 향상을 추구하는 사람에게 악마는 가까이 가기 힘든 법이며, 고급령들은 '어떻게든지 인도해 주고 싶다. 길을 열어 주고 싶다'는 마음을 늘 가지고 있습니다.

고급령한테서 오는 타력 중 하나로 인스피레이션이 있습니다.

가령 사업가, 기업가라면 어느 때 새로운 사업의 아이디어가 번뜩 떠오르거나, 발명가라면 발명의 아이디어가 번뜩 떠오르거나, 연구자라면 계속 연구하던 것의 답을 푸는 실마리를 발견하거나, 소설가라면 재미있는 스토리를 떠올리거나 합니다.

그와 같이 인스피레이션이 임해서 여러 가지 직업상의 발견이나 깨우침을 얻는 일이 있는데, 인스피레이션은 역시 평소 노력하는 사람에게 잘 내려옵니다.

어쩌다가 우연히 내려오는 일도 평생 한두 번 정도는 있을지도 모르지만, 안정적으로 인스피레이션을 받을 수 있으려면 역시 수면 밑에서 노력을 거듭하는 것이 중요합니다.

노력하며 향상을 추구하는 사람에게
악마는 가까이 가기 힘든 법이며, 고급령들은
'어떻게든지 인도해 주고 싶다. 길을 열어 주고 싶다'는
마음을 늘 가지고 있습니다.

05 공부 방법으로 인생을 끝까지 살아가는 힘을 손에 넣어라

학교 공부를 마친 후에는 독서를 통해 공부하라

우선 학생은 학교 공부를 제대로 하는 것이 중요합니다.

교사는 교육에 대해 여러 모로 연구한 결과 가장 좋다고 생각되는 공부 방법을 가르치고 있을 테니까 학교든 학원이든 거기 방식을 우선 마스터하는 것이 좋을 것입니다.

그리고 대학생 이후 혹은 사회인이 되고 나서는 마음대로 독서를 할 수 있는 신분이 되므로 독서를 통해 공부하는 것이 중요합니다. 그 때문에 어른의 공부 방식은 독서하는 내용에 의해 상당히 영향을 받게 될 것입니다.

포인트 ❶ 자신의 직업으로 이어지는 분야의 책을 정독(精讀) 하라

처음에는 무엇을 읽으면 좋은지 무엇이 도움이 되는지 전혀 알 수 없어서 '어떻게 공부하면 좋은가?' 라고 생각할 것입니다.

나는 젊은 시절부터 1년 동안에 천 권 정도의 책을 읽고 있습니다.

나의 저서『인생의 왕도를 말한다』제7장 '여명의 시대' 에서도 '건실한 서적을 최소한 천 권을 읽는 것이 교양인 속에 들어가는 첫걸음입니다' 라고 서술하였습니다. 도저히 천 권이나 읽을 수는 없겠다고 생각하는 사람도 있을 것입니다.

나에게 천 권이란 1년 동안에 읽는 책의 권수이므로 천 권을 읽는 것이 그다지 어려운 일이라고는 생각하지 않고 썼는데, 실제로 상당히 힘든 것 같습니다. 행복의 과학 신입 직원의 이력서를 보아도 기껏해야 1년 독서량이 수백 권 정도가 한도인 것 같고, 천 권 이상 책을 읽은 사람은 백 명에 한 명도 찾아보기 힘듭니다.

그렇다고는 해도 젊은 시절 공부는 기본적으로 정독이 중요하므로, 학생 시절에 천 권까지 읽지 못해도 상관은 없을 것입니다.

학교 교과서나 참고서는 기본적으로 정독이 필요하며, 난독(亂讀)이나 속독을 해도 전혀 도움이 되지 않고 시험 점수로 이어지지 않습니다. 세세하고 정중하게 읽고 노트에 적거나 문제집을 풀거나 그리고 나서 형광펜으로 밑줄을 그어 가면서 몇 번이고 정독하는 것이 학문을 하는 기초입니다.

두뇌에 기초를 쌓기 위해서는 무슨 일이 있어도 정독을 하며 정중하고 깊이 있게 공부하지 않으면 안 됩니다. 닥치는 대로 읽어 제치는 것은 전혀 익혀지지 않습니다.

어느 한 가지 장르에서 직업적으로 성공하고자 한다면 그 분야의 학문을 깊이 배워야만 합니다. 한 우물을 깊은 곳까지 파 내려가지 않으면 역시 일류와 프로가 될 수 없습니다.

포인트 ② 다독(多讀)으로 장르의 폭을 넓혀라

자신의 직업으로 이어지는 분야를 어느 정도 깊이 파 내려갈 수 있게 되었다면 자투리 시간이나 휴식 시간, 휴일 등 기분을 전환할 마음으로 자신의 전공과는 다른 분야의 책을 조금씩 읽어서 장르의 폭을 넓혀 가야 합니다.

자신의 전문 분야가 아니므로 그다지 자세하고 정중하게 읽을 필요는 없습니다. 대략 의미만 파악해도 충분하며 '나에게 필요한 정보가 있으면 그것을 포착하자' 는 마음으로 읽어도 좋을 것입니다.

그렇게 하는 동안에 점점 독서하는 속도가 빨라져서 차츰 다독도 가능해집니다. '정보를 적당하게 선별해 간다' 는 방식으로 읽으면 어느 정도 속도로 폭넓게 책을 읽을 수 있게 될 것입니다.

포인트 ❸ 정독과 다독을 양립하라

다독만으로는 진정한 의미에서의 독서인이 될 수 없습니다.

다독만 하는 사람은 보는 책이 점점 가볍게 되어 갑니다. 공상과학이나 추리 소설, 혹은 만화에 가까운 수준의 것, 실용적인 기술 안내서 정도밖에 읽을 수 없게 됩니다.

가벼운 책만을 읽어서는 안 됩니다. 정독과 다독의 양쪽을 잘하지 못하면 역시 독서인으로서도 교양인으로서도 일류라고는 힐 수 없을 것입니다. 정독과 다독은 서로 모순되고 양쪽 다 하기는 상당히 힘들지만 양립할 수 있습니다.

포인트 ④ 되풀이하여 읽을 가치가 있는 책을 찾아라

다독에는 '정보를 얻기 위해 빨리 읽는다' 는 독서 방식 외에 '되풀이하여 읽을 가치가 있는 책을 찾는다' 는 방식도 있습니다. 관심이 있는 책을 여러 가지 읽다 보면 되풀이해서 읽어야 할 책이 어떤 것인지 알 수 있게 됩니다.

어느 정도 많은 책을 읽어 보지 않으면 되풀이해서 읽을 가치가 있는 책이 안테나에 걸려들지 않습니다. '이 책이야말로 나에게는 명작(名作)이며 필요한 한 권이다' 라고 처음부터 단번에 딱 알아보는 일은 그리 쉽지 않습니다.

되풀이하여 읽을 가치가 있는 책을 찾기 위해서는 어느 정도 다독을 할 필요가 있습니다.

이것은 좋은 책이라고 자신의 안테나에 걸려든 책이 있다면 기회가 있을 때마다 되풀이해서 읽어야 합니다. 바로 연속해서 읽지 않아도 되지만, 1년이나 2년 후나 몇 년 기간을 두고 되풀이하여 읽으면 됩니다. 그러면 책 내용이 자신 속에 들어옵니다.

다섯 번에서 열 번 정도 읽으면 대개 저자의 사상이 자신의 것이 되어 스며들게 됩니다.

그리고 만사를 판단하거나 의견을 말하거나 할 때 어느 새 깊이 들어간 그 사상이 힘이 되어 영향을 미치게 되는 것입니다.

되풀이해서 읽으면 새로운 바가 발견되는 불법진리의 서적 🍂

되풀이하여 읽으면 좋은 책으로는 불법진리의 서적이 있습니다. 불법진리란 부처의 마음, 신의 마음을 설한 것으로 인류에게 공통되는 보편적인 룰(rule)입니다.

나는 종교가로서 불법진리를 설하여 많은 서적으로 간행하고 있습니다. 행복의 과학에 열심인 신자라면 젊은 사람도 행복의 과학에서 보는 불법진리의 서적을 상당히 많이 읽고 있을 것입니다. 그리고 불법진리의 말이 자연스럽게 입에서 나오는 상태가 되어 있을 것입니다.

불법진리의 서적을 읽은 적이 없는 사람이 불법진리의 말을 들으면 '이 사람은 젊은데도 아주 성숙하다'고 느낄 것입니다. 아직 20대나 30대인데 인생의 달인과 같은 말을 돌연 하곤 한다라고 생각하며 밑바닥이 보이지 않는 두려움과 같은 것을 느낄 것입니다.

그것은 불법진리 서적을 되풀이하여 읽음으로써 생기는 성과 중의 하나입니다. 한 번 정도 읽으면 머리에 남지 않지만, 기회가 있을 때마다 몇 번씩 되풀이해서 읽으면 역시 깊이 새겨져 몸에 익혀집니다.

『청춘의 원점』이라는 책 속에는 10대에서 30대 전반 정도까지 사람에게 필요한 성공 비결이 쓰여 있습니다. 젊은 사람이라면 이 책을 기회가 있을 때마다 손에 들고 되풀이해서 읽으면 합니다. 전에 겉돌며 읽었던 부분을 다른 때에 보면 금방 알아차릴 때도 많이 있을 것입니다. 시간을 두고 그때 그때 심경에 따라 되풀이해서 읽으면 반드시 다른 발견을 하게 될 것입니다.

나는 무턱대고 50대의 연령으로 늙지는 않았습니다. 그리고 청년층이 빠지게 될 함정을 대부분 간파하고 집약해서『청춘의 원점』등 젊은이를 상대로 한 책을 많이 저술했는데, 쉽게 쓰여 있기 때문에 읽어도 중요한 것을 놓쳐버리는 수가 있습니다. 그러나 시간을 두고 다시 읽어 보면 자신에게 필요한 시기가 왔을 때 거기에 쓰인 의미를 알게 되는 경우가 많습니다.

학문적 뒷받침으로 영향력을 쌓아라 🍂

나의 저서는 대형서점 사장 등도 양서로서 절대 틀림없다고 보증하며 읽어주는 것 같습니다.

나는 현대 종교가로서는 상당히 학문이 있는 사람 중 하나라고 자신하는데, 학문적인 뒷받침을 가지고 종교 활동을 하는 점이 내가 폭넓은 사람들에게 영향을 주고 있는 이유일 것입니다.

실제로 나는 아직 행복의 과학 신자가 되지 않은 사람들에게도 계속 영향을 주고 있는데, 그 배경은 역시 그만큼의 자조 노력을 거듭하고 있다는 사실과 '하늘은 스스로 돕는 자를 돕는다'는 이치 때문에 천상계의 응원도 받고 있는 것입니다.

이상으로 헝그리 정신에 대해 생각하면서 자조 노력(역자주 : 해야 할 일을 자신의 힘으로 노력하여 이루는 자세)의 소중함이나 지적 단련을 중심으로 한 인간 완성 방법 등에 대해서 서술해 왔습니다.

꾸준히 노력을 거듭하면 당신의 지적 수준은 확실히 올라가 실력으로 축적되어 갑니다. 아무쪼록 나이가 들어도 헝그리 정신을 잃지 않고, 지성을 계속 쌓음으로써 인생을 늠름하게 끝까지 살아가는 용기를 기르기 바랍니다.

정독과 다독으로 학문을 넓혀 영향력을 발휘하십시오.

4장

뜨거운 정열과 용기를
가지고 살아라

어떻게 죽어야 하는가를 생각하면 용기란 무엇인가를 알 수 있다

THE LAWS OF
COURAGE

성공한 사람과 실패한 사람을 나누는 근본적인 차이

자신의 일을 생각하는 동안에는 행복해질 수 없다

본장에서는 '장래 세상에 나가서 성공해 가기 위한 마음가짐' 이라고도 할 수 있는 바를 '열혈 불처럼 되어라' 라는 제목으로 설해 가고자 합니다. 대단히 강한 제목이기는 하지만 젊은 사람에 한정하지 않고 널리 독자 여러분에게 참고가 되는 이야기를 하고자 합니다.

젊은 사람에게 가장 큰 관심사는 아마도 자기실현이나 장래의 조감도, 혹은 미래에 대한 불안 등일 것입니다.

20세 전후의 나는 결코 보통 사람과 비교해서 뛰어나지도 않았고 아주 고상한 심정을 가지고 있지도 않았습니다. 나 자신의 일을 돌이켜 보더라도 학생 시절에는 자기중심적인 사고방식을 가지고 있었던 것 같습니다. 정말로 자기본위였다고 생각됩니다.

학생 시절은 아마도 대부분 사람이 그럴 것입니다. 80%에서 90%의 사람은 자기본위의 사고방식밖에 가지지 못합니다. 그 외의 사고방식을 가질 수 있는 사람은 어린 시절에 여러 사상이나 철학, 종교 혹은 훨씬 나이가 든 이들의 생각 등을 배우고 그것을 자신의 것으로 삼을 수 있었던 자에 한정될 것입니다.

인간은 본성대로 한다면 경쟁 속을 달려가서 자기본위로 살고 있을 것입니다. '나는 어떻게 하면 좋은가? 어떻게 하면 성공할 수 있을까? 어떻게 하면 자기실현을 할 수 있을까?' 라는 자신의 미래에만 관심이 있어서 사실은 다른 사람의 일에는 관심이 없을 것입니다. 자신의 장래, 자신의 성공, 자신의 출세 등 자신의 일만을 온종일 여러 가지로 생각하고 있을 것입니다.

나도 그랬기 때문에 젊은 사람을 책할 자격은 조금도 없습니다. 나도 마찬가지로 학생 시절에는 나 자신의 일만 생각하고 있었습니다.

물론 학생 시절은 자신을 위해 공부하는 때입니다. 그러나 그 공부가 끝났을 때는 공부한 것이 세상에 환원되어 가게 됩니다. 따라서 학생 시절에 자신을 위해 투자하고 자신을 위해 공부하는 것은 중요한 일입니다. 그것은 결코 책망받을 일이 아닙니다.

다만 젊은 사람에게 말해두고 싶은 것이 있는데, 내 경우 성공하고 싶다고 바라고 있었을 때는 아무리 해도 행복해질 수가 없었다는 것입니다.

성공하지 않으면 행복해질 수 없다고 생각하여 나 자신의 행복이나 성공만을 추구하던 학생 시절의 나는 상처받기 쉬워서 열등감이나 질투심으로 괴로워하고 있었습니다.

마음이 흔들리는 배경에는 인정받지 못한다는 생각이 있다 🍂

남을 나쁘게 말하지 않으면 안 된다는 마음은 역시 그 사람이 행복하지 않다는 것을 의미합니다. 행복한 사람은 남에 관한 욕이나 비판을 별로 하지 않는 법입니다.

남을 욕하거나 중상모략하거나 자기비하를 하는 사람은 '나는 인정받고 못하고 있다'는 마음을 가지고 있습니다. 그 반동으로 타인을 공격하든가, 자신을 구박하든가 하면서 양극단적으로 마음이 흔들리는 것입니다.

성격이 거세거나 기가 세면 남을 공격하게 됩니다. '남을 욕한다, 말꼬투리를 잡아 비판한다, 험담을 하고, 배척하고, 친구를 따돌려 괴롭힌다, 함정에 빠뜨린다' 등 여러 가지 방식으로 남을 들볶는 것입니다.

내성적인 사람은 자신을 들볶습니다. 이 현상은 우선은 열등감에서부터 시작됩니다.

'머리가 나쁘다, 성격이 나쁘다, 외모가 나쁘다, 집안이 가난하다, 부모가 훌륭하지 않다' 등 모든 것이 열등감의 원인이 될 수 있습니다. 남과 비교하여 자신이 혜택받지 못한 것을 많이 열거하여 자신을 변호하거나 위로하거나 낙담하며 비극의 주인공이 되는 사람이 많을 것입니다.

자신을 비극의 주인공으로 만들어 위로하는 동안에 자신이 구제받은 듯한 기분이 들기 때문입니다. 그렇게 자신을 위로하며 시간을 보내는 사람이 의외로 많이 있습니다.

자신을 들볶는 마음과 타인을 공격하는 마음이 양쪽 다 다발

(多發)하는 사람도 있습니다. 그는 본래는 능력이 있고 기가 세지만 섬세한 면이 있는 유형의 사람입니다. 집으로 돌아가면 자신을 들볶아서 혼자 상처받거나 울거나 하는데, 남들 앞에 나서면 타인을 욕하거나 공격하기도 하고 자기 자랑을 하거나 남을 깎아 내리거나 합니다. 대단히 복잡한 사람입니다.

그런 사람을 보고 주위에서는 공격적이고 아주 사귀기 힘든 유형의 사람이라고 합니다. 그러나 그 사람은 집에 돌아가서는 훌쩍훌쩍 울거나 분을 내거나 자기혐오로 죽고 싶다는 기분에 빠지기도 합니다. 젊은 사람 중에는 '쥐구멍이 있으면 숨고 싶다'는 느낌을 매주 느끼는 사람도 많이 있을 것입니다.

다른 사람을 행복하게 하겠다고 결심할 때 자신도 행복해진다 🍃

지금까지 여러 가지 내용을 서술했는데, 실제로 나도 그런 감정을 다 느낀 적이 있습니다.

때가 지나면 옛날 이야기가 되지만, 현재 바로 지금 마음이

다른 사람을 행복하게 하는 것이 자신이 행복해지는 길입니다.

양극단으로 흔들려서 견딜 수 없는 사람에게는 그 괴로움에서 벗어나기가 매우 힘들 것입니다.

나는 괴로움을 빠져나온 끝에 어떤 간단한 깨달음을 얻을 수 있었습니다. 그것은 20대에 몇 년 간 정신적 격투를 해서 얻은 결과입니다.

그 깨달음을 쉬운 말로 설하면 요컨대 자기본위로 '(내가) 행복해지자, (내가) 성공하자' 는 것 등을 생각하는 동안에는 행복해질 수 없고 성공도 할 수 없다는 것입니다.

'다른 사람을 행복하게 하자, 다른 사람을 성공하게 하자' 라고 생각할 때 인간은 행복해지고 성공해 간다는 진리를 발견했습니다.

매우 단순한 진리이기는 하지만 세계의 어느 종교도 이 가르침을 가지고 있습니다. 이것을 황금률(golden rule)이라고 합니다. 종교에는 반드시 이 가르침이 들어 있습니다.

자기본위의 삶을 살고 있으면 아무래도 이 진실을 알 수 없습니다. 좌절이나 역경 등에 부딪쳐서 종교적 진리에 눈을 뜨지 않으면 안 되는 법입니다.

사회에 나가는 사람에게 내가 송별의 말을 한 마디만 해야 한다면 "다른 사람을 행복하게 할 수 있는 인간이 되십시오. 다른 사람을 성공시킬 수 있는 인간이 되십시오. 그것이 성공하는 길입니다.”라고 말할 것입니다.

간단히 말해 이것이 사회에 나갈 때 성공하는 사람이 되는가, 실패하는 사람이 되는가를 나누는 갈림길이 됩니다.

다른 사람을 행복하게 하는 사람이 성공해 간다

남을 행복하게 해야 성공한다는 말은 추상적이지만 구체적인 예를 들면 잘 알 수 있습니다. 천재나 위인의 이야기만을 하는 것은 아닙니다. 어느 직업을 가졌더라도 똑같은 말을 할 수 있습니다.

가령 만화가도 그럴 것입니다. 많은 사람들이 즐길 수 있기를 바라는 마음으로 만화를 그리는 만화가는 성공할 것입니다. 그러나 그리고 싶은 것만 그린다면 성공하기 어려울 것입니다.

택시 운전사도 그렇습니다. 시간이 없는 대부분 고객을 정확하게 목적지까지 태워준다는 것을 매일 계속 생각하며 실천하는 사람 역시 성공할 것입니다.

학교 교사도 그렇습니다. 어떤 식으로 하면 아이들 하나하나가 장점을 늘리고 단점을 고치면서 어른이 되어갈 수 있을까를 생각하며 정성을 기울여 학생을 지도하는 교사 역시 성공할 것입니다.

어떻게든 그 날 하루를 보내면 된다고 생각하며 수업 시간을 떼우는 교사도 있는데, 그런 쓸모 없는 교사가 행복해지는 일은 아마 없을 것입니다. 영어로는 '시간을 떼운다' 라고 할 때 'kill time' 이라는 말을 쓰는데 시간을 떼우는 것은 그야말로 시간을 죽이는 것입니다.

'우리 학교에는 많은 학급이 있지만, 이 학급을 만난 것은 일생에 있는 한 번의 기회다' 라고 받아들이고 '학생 한 사람 한 사람에게 무엇인가를 남기자' 라고 생각하며 살아가는 교사가 역시 성공할 것입니다.

회사 일도 마찬가지입니다. 영업에는 책임져야 할 할당량(매상 목표)이 있습니다. 백화점 여점원도 보석상 점원도 모두 '하루 얼마, 한 달에 얼마, 일 년에 얼마, 이만큼의 매상을 올려라' 라는 할당량이 있어서 그것을 채우지 않으면 안 됩니다.

할당량을 채우는 데만 급급한 사람과 다른 사람들이 행복해지기를 바라며 일하는 사람은 큰 차이가 나는 법입니다.

가령 백화점에 취직하여 부인복 매장에 배정되었다고 합시다. 신입 사원에게도 매상 목표가 하루 단위, 한 달 단위, 일 년 단위로 부과됩니다.

그러나 그런 목표가 있다는 것을 고객한테는 말할 수 없습니다. "오늘 내 목표는 500만 원이니까 나머지 200만 원을 매상으로 올리지 않으면 안 됩니다. 목표 달성을 위해 고객님, 구매해 주세요."라는 식으로 말해도 사 주는 고객은 없습니다. 도리어 사지 않고 모두 지나가 버립니다.

그 매장 점원의 목표는 고객이 아니라 점원 자신의 월급과 출세에만 관계된 일입니다.

부인복 매장 점원이라면 고객을 보고 '이 고객이 예쁘게 보이도록 하려면 어떤 옷이 좋을까, 어떻게 하면 이 사람이 보다 매력적으로 보이고 남편이나 애인에게 사랑받을 수 있을까, 어떤 옷이 어울릴까, 어떤 보석이 이 사람에게 잘 어울릴까'에 마음을 써야 성공합니다.

성공하는가 못 하는가는 사고방식에 달렸습니다. 자기본위의 사고방식을 가진 사람은 성공하지 못합니다. 다른 사람을 성공시키려고 생각하는 사람이 성공하는 법입니다.

요리를 만드는 일도 마찬가지입니다. 음식점에서 요리를 할 때에도 '어쨌든 내가 먹고 살기 위해 음식을 만들고 있다' 고만 생각하는 사람은 성공하지 못합니다. '손님이 우리 요리를 먹고 기운을 내고 영양을 섭취하여 건강하게 일하게 되면 좋겠다, 아이가 성장하면 좋겠다, 가족이 단란해지면 좋겠다' 는 마음을 담아서 주방에서 요리를 하거나 음식점에서 일하는 사람이 역시 성공하는 사람의 길을 걸어갈 것입니다.

그런데 "선배는 심술궂다. 일을 가르쳐 주지도 않는다."라고 투덜대면서 요리를 하는 사람도 있습니다. 대개 요리사 세계에서는 어떻게 하면 맛있는 요리를 할 수 있는가는 가르쳐 주지 않고 "만드는 방법, 맛, 수프 등은 어깨너머로 배워라.", "남이 만드는 것을 보아라. 스스로 맛을 보고 조미료 등을 조합하면서 몇 년 동안 어깨너머로 보면서 배워서 익히는 것이다."라는 등의 말을 합니다.

친절하게 가르쳐 주지는 않고, 못하면 주먹이 날아오는 직장도 있을 것입니다. 그런 직장에서 '나는 시달림을 당하고 있다' 는 생각만 하고 있다면 결코 성공할 수 없습니다.

스스로 연구심을 가지고 '어떻게 하면 손님들에게 행복감을 느끼게 해드릴 수 있을까' 를 생각하는 사람이 성공해 갑니다.

반드시 그렇습니다.

근본적으로 중요한 것은 이 한 가지입니다. 다른 사람을 행복하게 하는 길은 다른 사람을 행복하게 하는 동시에 자신도 행복해지는 길이라는 것입니다. 아무쪼록 이 한 가지를 머릿속에 남겨 두셨으면 합니다. 이것이 성공하기 위한 간단한 방법입니다.

타인이 아니라
자기 속에서 미래를 발견하라

인간은 아무래도 자기본위, 자기중심적이 되기 때문에 그런 사고방식을 바꾸어야 합니다. '다른 사람을 성공시키자. 다른 사람을 행복하게 하자'는 마음을 갖는 것이 중요합니다. 그런 입장에 섰을 때 사회인으로서 인정받는 길이 열립니다.

이것을 우선 강하게 호소하고 싶습니다. 이것이 자기실현을 하기 위한 방법입니다.

각각의 사람이 행복한 길에 들어서서 성공해 갈 때 모든 사람이 똑같은 길에 들어가는 것은 아닙니다. 가지고 태어난 재능이 사람에 따라서 각기 다르기 때문입니다.

행복의 과학에서는 공부가 중요하다고 흔히 말하지만, 모든 사람이 수재가 되고 연구자나 관리자, 은행원, 법률가 등이 되라는 것은 아닙니다. 여러 가지 세계에 가게 될 터이므로 우선 자신의 적성을 아는 것이 매우 중요합니다.

자신 속에서 미래를 발견하지 않으면 안 됩니다. 자기 마음속에 있는 미래의 모습을 발견하는 것이 매우 중요합니다.

어떤 미래의 싹이 당신 속에 있습니까? 그것을 발견하기 바랍니다.

좋고 싫음을 가리지 말고 모든 사람에게 배워라 🍂

이 세상에는 '입학하기 힘든 학교를 나온 사람은 훌륭하고, 들어가기 쉬운 학교를 나온 사람은 훌륭하지 않다, 어떤 직업은 훌륭하고 어떤 직업은 훌륭하지 않다'는 식으로 보는 견해가 전반적으로 깔려 있는 것 같은데, 여러분은 아무쪼록 그런 눈으 사람에게는 각자 뛰어난 점이 있습니다.
모든 사람에게 배울거리가 있습니다.

로 세상을 보지 않도록 노력하십시오. 사람에게는 각자 뛰어난 점이 있습니다. 어떤 사람에게서도 배울거리가 있습니다.

일본 소설가 요시카와 에이지(吉川英治)는 "나 외의 모두가 나의 스승이다."라는 말을 좌우명으로 삼았다고 합니다. 그는 자신의 소설 속에서도 미야모토 무사시(宮本武藏)[15]에게 '천지만물도, 천하 사람들도 모두가 다 나의 스승이다'라는 의미의 말을 하게 합니다. 이 '나 외에는 모두 스승이다'는 견해는 어떤 의미에서는 옳습니다.

비록 학교 시험에서 여러분보다 낮은 점수를 받는 사람이라도 나의 잘못된 부분을 지적하거나 장점을 칭찬해 주거나 조언을 해 주는 이가 있습니다.

사회 밑바닥을 기어다니고 있다고 생각되는 사람 중에도 촌철살인(寸鐵殺人)[16]의 말을 하는 사람이 있습니다. 세상에는 여러 사람들 중에 여러 가지 배움이 있습니다.

여러분이 사회에 나가서 만나는 상사, 선배, 친구 등 여러 사람 속에 배움이 있습니다.

---

15) 미야모토 무사시 - 1584~1645년. 일본의 검호(劍豪)이자 서예가. 일본에는 이 사람을 주인공으로 한 소설, 영화가 많다.

16) 촌철살인 - 짤막한 경구(警句)로 사람의 마음을 크게 뒤흔드는 것

따라서 좋고 싫음으로만 사람을 보아서는 안 됩니다. '모든 사람 가운데 장점이 있으니 배워 가자'라고 생각하는 일이 중요합니다.

그리고 '이 사람은 싫다, 이런 사람처럼은 되고 싶지 않다. 이 단점은 싫다. 이 결점은 싫다'라고 느낀다면 그러한 사람이 되지 않으면 됩니다. 그 사람의 단점이나 결점을 보고 그렇게 되지 않도록 하는 일이 중요합니다.

그러나 내가 지금까지 몇 십 년인가 사회생활을 해 본 경험으로는 '저 사람은 싫다, 저 사람처럼 되고 싶지 않다'고 말하던 이도 자기가 싫어하던 사람이 인사이동 등으로 주변에서 없어지면 그와 똑같은 짓을 하는 것을 본 적이 몇 번이나 있습니다.

가령 구박받았던 사람은 다른 사람을 구박하게 됩니다. 자신은 구박을 받았더라도 나는 남을 칭찬하자라고 생각하면 되는데, 자신이 싫어했던 사람과 똑같은 짓을 해버리는 것입니다.

왜 이런 일이 일어나는가 하면 자신이 싫어하는 부분이 잘 보여지는 상대가 실제로는 자신과 흡사한 사람일 경우가 많기 때문입니다. 자신과 흡사한 면이 있기 때문에 자신이 싫어하는 부분이 그 사람에게서 아주 잘 보이는 것입니다. 자신과 비슷하지 않으면 사실은 그 사람의 단점을 알지 못합니다. 어떤 의미에서 보면 자신과 비슷하기 때문에 그 사람의 단점이 잘 보이는 것입니다.

그래서 "저 사람처럼은 되고 싶지 않다."고 말하던 사람이 싫어하던 사람과 똑같이 되는 수가 있습니다.

커다란 일을 이루는
좋은 리더가 되어라

20대는 우선 반짝반짝 빛나는 사람이 되라

성공하기 위해서는 자신을 어떤 방향으로 성장시켜 가면 좋은가에 대해 서술하겠습니다.

우선 20대에는 스스로 자신을 연마하여 반짝반짝 빛나는 사람이 되는 일이 중요합니다.

재능이 있는 사람은 '자루 속의 송곳'[17]으로 비유되는 경우가 있습니다.

송곳을 부대 자루에 집어넣으면 송곳 끝이 뾰족하게 밖으로

---

17) 자루 속의 송곳 - 자루 속에 들어간 송곳. 뛰어난 인물은 숨어 있어도 반드시 그 재능이 세상에 알려지게 된다는 뜻

뚫고 나옵니다. 머리가 예리하고 뛰어난 발상을 하는 사람은 어느 세계에 있어도 반드시 그 재능이 드러납니다.

20대에는 자루 속의 송곳처럼 재능이 선뜻 밖으로 나오는 사람이 빛나는 것처럼 보입니다. 그런 사람이 윗사람 눈에 잘 띄기 때문에 높은 자리로 끌어올려지고, 발탁되고, 출세가도를 달리는 것처럼 보입니다. 20대는 그와 같은 시대이므로 우선 스스로 빛을 발하는 존재가 되지 않으면 주위 사람에게서 좀처럼 인정받을 수 없습니다.

리더가 되면 사람을 기르는 노력을 하라

뾰족한 송곳이 사람을 찌르듯이 상대의 결점을 들춰내거나 실패를 지적하거나 해서 상처를 주기만 해서는 커다란 일을 할 수 없습니다. 이 자루 속의 송곳은 이윽고 커다란 그릇으로 성장해 가지 않으면 안 되는 것입니다.

머리가 좋다는 것을 남에게 상처를 주는 방향으로만 이용해서는 안 됩니다. 리더가 되면 어떤 사람이라도 그가 가진 능력에 따라 신장시켜 가도록 노력을 하십시오.

가령 사람을 지도할 때 뛰어난 능력을 가진 사람은 더욱 더 위를 지향해 가도록 지도합니다. 천재적인 사람은 별로 없지만, 그런 사람이 있으면 그 사람도 신장시킵니다. 평균적인 사람의 경우 장점을 신장시키고 단점을 고쳐 나가도록 합니다. 평균 이하의 사람은 보통 수준의 일을 할 수 있을 만큼 어떻게든 올려 갑니다.

그와 같이 사람을 지도할 때는 각자에게 맞는 교육 방법으로 사람을 길러 가는 것이 중요합니다.

그 다음에는 팀워크로 사람을 통합하는 것이 중요합니다.

몇 명으로 팀을 만들어 한 가지 프로젝트로써 커다란 안건을 이루어내는 체험은 중요합니다.

이와 같은 리더로서의 실력은 학교 시험으로 측정할 수 없는 매우 커다란 능력입니다. 5명, 10명 혹은 그 이상 사람을 통합하면서 커다란 일을 이루어 가는 힘은 학교 시험으로는 절대로 측정할 수 없습니다. 이것은 실사회에서만 나타나는 능력입니다.

리더로서의 힘은 여러분이 가진 마음의 넓이와 관용, 그리고 도량에 의해 나오는 것입니다.

단순히 나 한 사람의 재능만을 돌출하게 해서 신장시키면 되는 것이 아닙니다. 사람에게는 각각의 특징이 있으므로 각각의 사람을 앞에서 서술한 방식으로 신장시켜 가겠다고 생각하면서 '팀 전체로서 힘을 늘려가는' 것을 지향하는 것이 중요합니다. 그것이 좋은 리더의 자격이기도 합니다.

아무쪼록 그러한 바를 잊지 말고 마음에 담아 주십시오.

좋은 여성 리더가 되기 위한 요점 🍃

앞으로는 사회에 나가서 직업에 종사하고 출세하는 여성이 많아질 것입니다. 그래서 그와 같은 사람에게 조금만 주의해 두었으면 하는 일이 있습니다.

여성이 사회에 나가서 5년, 10년 경험을 쌓고 부하 직원을 두게 될 때는 어떤 현상이 법칙처럼 나타날 것입니다.

그 하나는 여성 상사는 여성 부하에게 매우 엄격해지기 쉽다는 점입니다. 이러한 법칙은 별로 설헤진 적은 없지만 실제로 그렇습니다.

또 다른 면에서 보면 여성 상사는 젊은 여성을 칭찬하지 않는 경향이 있다고 할 수 있습니다. 여성이 남성과 다른 것은 분명 이로운 점입니다. 남성은 여성 부하를 싫어하지 않습니다. 그러나 여성은 여성 부하에게 매우 엄격하고, 특히 젊은 여성 부하를 칭찬하지 않습니다. 이것은 법칙처럼 분명히 그러하니까 조심해 주셨으면 합니다.

여성으로서 사람을 부리는 입장에 섰다면 여성 부하를 칭찬할 수 있는 마음을 가져야만 합니다.

여성이 관리직이 될 때 실은 최초의 애로사항이 되는 것이 이것입니다. 남성들이 보아도 일을 잘하는 여성은 많이 있습니다. 그러나 그 여성을 관리직으로 삼을 때 가장 애로사항이 되는 것은 '여성 부하를 잘 부릴 수 있는가, 없는가' 라는 점입니다. '남성 부하를 부리지 못하는 것이 아닌가' 라는 것보다도 '여성 부하를 부릴 수 없는 것이 아닌가' 라는 것이 걱정됩니다.

여성이 여성을 부리리가 가장 어렵습니다. 여성끼리의 시달림이 가장 심합니다. 여성끼리의 시달림에 남성이 맥을 못 추니까 여성을 관리직으로 등용할 때 애로사항이 되기도 합니다.

따라서 여성이 사람을 부리는 입장이 될 때는 여성 부하를 나이가 젊다는 이유로 들볶거나 해서는 안 됩니다. 잘 돌보아 주는 것이 중요합니다. 나아가서 자기 부하의 일을 공정하게 중립적으로 판단하고 합당하게 판정하는 동시에 '칭찬해야 할 점은 제대로 칭찬해서 그 사람을 키우자'는 마음을 갖는 것이 중요합니다.

지금은 젊어서 '내가 관리직이 될 때의 모습은 상상할 수 없다'고 하는 여성도 장래에 그 입장이 되면 빠지기 쉬운 함정이므로 잘 기억해두십시오. 나이가 젊은 여성 부하가 생겼을 때 젊다는 것만으로 들볶아서는 안 됩니다.

다른 여성을 칭찬하는 여성은 남성한테 받는 평판이 아주 좋습니다. 그런 여성이라면 회사도 안심하고 관리직으로 끌어올려 갈 수 있습니다. 다른 여성을 잘 부릴 것을 알 수 있기 때문에 회사가 안심하고 등용해 줍니다.

개인으로서 능력이 있어도 사람을 부릴 줄 모르면 팀이 붕괴되어 일을 할 수 없게 되고 전체를 마이너스가 되게 하므로 관리직으로 등용할 수 없습니다.

앞으로는 여성 리더가 많이 나오는 시대가 됩니다. 여성 여러분도 될 수 있으면 공평하고 공정하게 판단할 수 있도록 다른 사람의 일이나 능력을 중립적 입장에서 볼 수 있도록 노력하는 것이 중요합니다.

'여성이니까' 라는 이유는 허용되지 않습니다. 남성과 똑같이 일하고 싶다면 역시 공정하고 중립적인 판단을 해야 합니다.

남성이 여성 상사를 모실 때 주의할 점

앞으로는 여성 상사를 모셔야 하는 남성이 지금보다 많이 나오는 시대가 올 것입니다.

여성 상사를 모시기 위해서는 어떻게 하면 좋겠습니까?

우선 몸가짐을 말쑥하고 깔끔하게 할 일입니다. 약속 사항을 빈틈없이 지키고 들은 말은 확실하게 행할 일입니다.

여성은 불결하고 깔끔하지 못하고 칠칠치 못한 사람은 질색합니다. 여성에게는 이런 면이 있으니까 남성은 여성 상사에 대해 생리적인 혐오감을 일으키지 않도록 노력할 필요가 있습니다. 여성 상사를 모시려고 한다면 이 점을 조심하는 편이 좋을 것입니다.

나아가서 남존여비의 가치관을 내세우며 '여성이니까' 라는 이유로 바보 취급을 않을 일입니다. 관리직 여성에 대해서도 그 사람의 능력을 제대로 인정하고 상사를 존경하고 내세우는 입장을 취하지 않으면 안 됩니다.

　그러한 마음을 가지고 있으면 여성 상사는 당신에 대해서도 공정하게 판단해 주게 됩니다. 회사가 그 여성을 윗자리에 두고 있다는 것은 그만한 능력이 있다는 뜻입니다. 능력이 있는 사람이니까 당신이 공정하고 중립적이라면 그 사람도 당신의 직무를 올바로 판단해 줄 것입니다.

03

새로운
제2의 르네상스를 만들어라

　여기에서는 젊은 사람들에게 꿈과 희망이 될 만한 미래 비전을 서술하고자 합니다.

　이전에 몇 번인가 설한 적도 있는데, 지금 시대는 커다란 역사의 전환점에 있습니다.

　그리스에서 일어나 서쪽으로 흘러갔던 문명은 미국으로 건너가서 지금 일본으로 흘러 들어와 있습니다. 동양의 문명도 인도에서 시작되어 중국으로 건너가 일본으로 흘러와 있습니다. 커다란 역사의 흐름에서 보면 지금 일본에 동서의 양쪽을 통합한 새로운 커다란 문명이 탄생하려고 하는 것입니다.

　그리고 동서의 문명이 일본에 흘러 들어왔듯이 앞으로 일본에서 생겨난 새로운 문명이 세계로 흘러가는 시대가 온다는 것을 예상할 수 있습니다.

따라서 앞으로 다가오는 시대를 사는 젊은이들에게 기대하는 바는 '새로운 제2의 르네상스를 만들어 주면 좋겠다' 는 것입니다.

이 21세기의 100년 동안에 나라를 발전 · 번영시켜 세계에서 뛰어난 국가로 만들지 않으면 안 됩니다. 정치나 경제, 예술은 물론 우주 개발이나 해양 개발 등의 과학기술 분야, 기타 모든 분야에서 세계 제일을 지향해야 합니다. 그것이 현대를 사는 젊은이들의 사명입니다.

새로운 높은 문화를 만들면 이 문화를 배우기 위해 세계 사람들이 찾아옵니다. 그리고 물이 높은 곳에서 낮은 곳으로 흘러가듯이 이 새로운 문화가 세계 각국으로 퍼져 갈 것입니다.

새로운 문화와 문명을 만들기 위해서는 정신적 기반이 없어서는 안 됩니다. 물질적인 발전에 걸맞은 정신적인 발전이 필요합니다.

그것을 위해 나는 많은 법을 설하고 있습니다. 나는 지향해야 할 그 새로운 문명을 '엘 칸타아레 문명' 이라고 부릅니다.

아무쪼록 뜻을 크게 가지십시오.

인간은 그 사람이 생각하는 대로의 존재가 됩니다.

당신의 뜻이 당신 자신을 결정짓습니다.

당신의 뜻을 제시하십시오.

그러면 당신이 어떤 사람인지 알 수 있게 될 것입니다.

당신은 자신이 가진 뜻 이상의 인간은 될 수 없습니다.

그것을 아무쪼록 명심하십시오.

용기를 내어
열혈 불[18] 처럼 살아라

04

시대를 만들어가기 위해서는 용기가 필요합니다.

용기를 내라는 말을 들어도 '어떻게 하면 좋을지 모르겠다' 는 사람도 있을 것입니다. 자신을 어떻게 발견해 가면 좋은지 헤매는 사람도 있을 것입니다.

용기란 죽음을 각오할 때 나오는 것이라고 생각하면 됩니다.

불교의 말에 '불석신명(不惜身命)' 이라는 말이 있습니다. 이것은 '내 목숨도 아깝지 않다' 는 의미이며 죽음을 각오한다는 뜻입니다.

---

18) **열혈(熱血) 불** – 열혈은 끓어오르는 뜨거운 정열을 말하며, 열혈 불은 그 정열이 불처럼 활활 타오르는 모습을 가리킨다. 즉, 진취적인 용기와 정열을 의미한다.

인간은 죽음을 각오할 때 비로소 용기란 무엇인가를 알 수 있
으며, 용기를 낼 수 있습니다.

용기가 무엇인가를 알고 싶다면
어떻게 살아야 하는가가 아니라
'어떻게 죽어야 하는가' 를 생각하면 됩니다.
어떤 일생을 살고 어떤 식으로 죽고 싶은가?
어떤 최후를 맞이하고 싶은가?
어떤 인간으로 죽어가고 싶은가?
죽은 후에 어떤 사람이었다는 말을 듣고 싶은가?
그와 같은 것을 자신에게 물어 주십시오.
그리고 생각해 주십시오.
그 물음에 대한 답이 당신에게 요구되는 용기입니다.

다시 한 번 말하겠습니다. 용기란 무언가를 알고 싶다면 죽음
을 각오해야 합니다. 그때 용기의 내용을 알 수 있습니다.
아마도 그 답을 찾았을 때 당신의 마음에 열혈 불처럼 살아갈
수 있는 용기가 솟구쳐서 새로운 인생이 열릴 것입니다.

마지막으로 특히 10대, 20대의 젊은 사람들에게 부탁하고 싶은 것이 있습니다.

여러분 대부분은 앞으로 나보다도 오래 이 지상에서 살 것입니다. 22세기의 문이 열리기 전날 밤까지 사는 사람도 많이 있을 것입니다.

아무쪼록 22세기 청년들에게도 내 말을 전해 주십시오. "용기란 무언가를 알고 싶다면 죽음을 각오하라. 그때 용기의 내용을 알 수 있으리라." 하고 오오카와 류우호오가 말했다고 전해 주십시오.

다음 세기에는 또 새로운 청년들이 있습니다. 그리고 그 청년들이 엘 칸타아레 문명 건설을 향해 그 다음의 새로운 시대를 만들어 갑니다.

지금 20세 전후 사람들은 '신문명의 창조' 라는 뜻을 그들에게 전하기 위해서라도 금세기를 살아야만 합니다.

아무쪼록 새로운 시대를 열기 위해서 힘차게 살아 주십시오.

용기만 있으면 운명은 원하는 대로 된다

용기만 있으면 운명은 원하는 대로 된다.

용기가 있으면 무엇이건 할 수 있다.

변명을 배제하고 용기를 밑천으로 삼아 싸워야 한다.

용기가 있으면 그 한 마디가 나온다.

용기가 있으면 손을 내밀어 줄 수 있다.

용기가 있으면 일어설 수 있다.

용기가 있으면 다른 사람의 목숨을 구할 수도 있다.

자신의 운명도 바꿀 수 있고

남의 운명도 바꿀 수 있다.
그것이 용기다.

유토피아의 창조는 용기에서 시작된다.
용기를 가진 사람이 나오지 않는다면
유토피아란 만들 수 없다.
후세 사람들을 위해 몸 바쳐 싸우는 사람이 필요하다.
자기 자신이 거두어들이려고 생각하지 말고
자기 자신이 열매를 손에 넣으려고 하지 말고
후세 사람들을 위해 진력(盡力)하는 사람이 필요하다.
그 사람에게 필요한 것이 용기다.

어떻게 죽어야 하는가를 생각하면 당신의 마음에
열혈 불처럼 살아갈 수 있는 용기가 솟구쳐서
새로운 인생이 열릴 것입니다.

5장

인생을 진실하게
끝까지 살아라

우주수(宇宙樹)에 이어진 자신을 알 때 미래는 바뀐다

THE LAWS OF
COURAGE

생명의 큰 나무에서 본
새로운 세계관

01

우주에는 한 그루의
거대한 생명의 큰 나무가 있다

본서에서는 여기까지 인생에서의 용기에 대해 여러 가지 사고방식을 구체적으로 서술해 왔습니다. 마지막 장(章)인 여기에서는 한 단계 더 신비로운 내용으로 파고 들어가서 진실한 인생을 끝까지 사는 용기에 대하여 이야기하기로 하겠습니다.

2장에서는 '시각을 바꾸면 어떤 괴로움도 달리 보인다' 라는 말을 했는데 본장에서는 이 시각을 우주대(宇宙大)에까지 퍼뜨려서 여러분에게 새로운 인간관, 새로운 생명관, 새로운 세계관이라고도 할 수 있는 바를 제시하고자 합니다.

나는 영적인 눈을 뜬 후 30년 가까이 영계(靈界)에 관한 연구를 계속해 왔습니다. 내가 설하는 인간관과 세계관은 세상 상식과는 다른 것이지만, 부디 상식으로 이해하려고 하지 말고 여러분의 상식을 바꿔 주셨으면 합니다.

우선 자신의 생명이란 무엇인가에서부터 생각해 갑시다. 여러분은 자신이라는 존재를 어떻게 파악하고 있습니까?

'나는 개성을 가진 한 사람으로서 살고 있다. 나와 타인은 육체가 서로 다른 이상 제각기 독립된 생명체다' 라고 생각할 지 모르겠습니다.

그러나 그것은 진실한 인생관, 생명관에서 본다면 정말로 올바른 자기인식이라고 할 수 있는가를 생각해 주셨으면 합니다.

실은 옛날부터 종교적인 세계에서는 '우주에는 우주수(宇宙樹)라고 할 수 있는 커다란 나무가 있다. 우주 가운데 한 그루 생명의 나무, 생명의 큰 나무가 있다' 라고 전해 내려오고 있습니다.

그 비밀의 일단은 나의 저서 『생명의 법』 제5장 '끝까지 살아가는 생명' 에서도 설하였는데 이미 읽은 분도 계실 것입니다.

실제로 영적으로 보는 세계는 망원경으로 보는 세계와 다릅니다. 우주 가운데 한 그루의 커다란 나무가 있어서 그것이 몇 개의 큰 가지로 갈라지고, 그 가지가 몇 번이나 더 갈라져서 여러 곳으로 뻗어 있습니다.

이 생명의 큰 나무는 우주목(宇宙木)이라고도 일컬어집니다. 이것은 나만이 말하는 것은 아닙니다. 육안(肉眼)으로 본 사람은 아무도 없지만 옛날부터 그와 같은 전설이 있습니다[북구(北歐) 신화의 세계수(世界樹)를 비롯하여 메소포타미아, 고대 중국, 고대 인도, 메소아메리카 등 큰 나무를 생명의 상징으로 삼는 신화는 세계 각지에 존재한다].

지구의 생명의 근원은
'엘 칸타아레'라는 이름의 큰 나무 🍂

우주를 꿰뚫는 큰 나무는 큰 시야로 보면 지구를 초월하여 모든 우주로 가지를 뻗어 있습니다.

이것을 지구의 시각에서 보면, 지구라는 영계단(靈系團)[19] 속에도 한 그루의 크나큰 기둥과 같은 나무가 자라나 있습니다.

그 생명의 큰 나무의 이름을 '엘 칸타아레(El Cantare)'라고 합니다.

이 엘 칸타아레라는 존재가 지구에 사는 모든 생명의 근원입니다. 여기서부터 영적인 에너지가 흘러나오고 있습니다.

이 생명의 큰 나무, 생명의 대목(大木)은 커다란 가지가 많이 있습니다. 그리고 지구 영계단 속에서 이 커다란 가지에 해당하는 것이 민족입니다. 여러 나라 민족이 이 커다란 가지의 부분에 해당합니다.

그러면 민족을 결정짓는 것은 무엇이겠습니까? 그것은 종교입니다. 민족의 차이란 실은 종교의 차이입니다. 각각의 민족은

---

19) **영계단** – 영적인 세계의 계층 및 여러 세계. 자세한 내용은 나의 저서 『영원의 법』, 『태양의 법』을 참고하기 바란다.

'새로운 가르침을 처음으로 주창(主唱)한 종교 지도자에 의해 인도된 사람들의 무리가 그 시초' 입니다.

그리고 거기서부터 커다란 가지가 몇 개나 나뉘어져 여러 시대에 여러 종교가 생기고 여러 민족이 번영했습니다.

이와 같이 문화나 문명의 기저(基底), 기본에는 종교가 있습니다. 몇 천 년 동안 하나의 민족이 여러 가지 경향성을 가진 문화를 낳고, 거기서 사람들은 몇 번인가 전생(轉生)과 지상에 다시 태어나는 삶을 경험합니다. 또한 그 종교 속에서 일정한 문화를 경험하고 있습니다.

이 민족이라는 크고 굵은 가지의 끝 부분을 보면 새로이 가지가 자꾸자꾸 갈라져 갑니다.

각각의 가지는 국가로서 통합된 경우도 있고, 국가를 초월한 몇 개인가의 지역, 아시아나 유럽 등의 지역으로 통합된 경우도 있으며, 세계 속으로 퍼져 있는 경우도 있습니다. 그 굵은 가지가 세분화되어서 국가별, 지역별 혹은 그 속의 일정한 사고를 가진 사람들의 집단으로 뻗어 있습니다.

우주수의 맨 끝에 있는
진정한 자신의 발견 🍂

생명의 가지는 잇달아 세분화되어 갑니다. 커다란 가지에서 부터 중간 정도의 가지가 있고, 거기서부터 더 가느다란 가지가 뻗어 있습니다. 그리고 이 가는 가지의 맨 끝에는 작은 가지들이 무수히 나와 있고, 많은 잎사귀가 무성하게 나와 있습니다.

더욱 가까이 다가가서 보면 작은 가지의 맨 끝에는 여섯 장 가량의 잎사귀가 붙어 있습니다. 이 여섯 장의 잎사귀는 '하나의 생명체'로 간주됩니다. 이것을 '혼의 형제'라고 합니다.

혼의 형제는 원칙적으로는 '본체(本體)'라고 하여 혼의 중심이 되는 '사령탑' 부분, '머리'가 되는 부분과 그 형제인 다섯 명의 혼이 '하나'로 통합되어 있습니다. 이 여섯 명의 혼이 전체로서 하나의 생명체가 됩니다.

각각의 혼은 순서대로 이 지상에 태어납니다. 죽어서 영계로 돌아가도 지상에서 살았을 때 모습으로 생활하는 경우가 많은데, 그래도 본체와 분신 전부가 하나로 통합됩니다. 이 개성에 대해 '우리는 이런 혼이다'라는 자각을 공유하고 있습니다.

각각의 혼에는 차이가 있어서 외견상은 지상에 살았던 시대의 모습이 다른 것처럼 보입니다. 그러나 혼의 면에서 통합된 한 가지 개성으로서 본다면 각각의 혼이 지상에서 경험했던 기억이 여러 가지 단면으로서 서로 겹쳐 있는 것처럼도 보입니다.

예를 들면, 고려 시대의 기억, 삼국 시대의 기억, 조선 시대의 기억처럼 각각의 시대에 지상에서 살았던 자신의 모습이 혼의 기억 속에 있습니다. 그것을 영화의 스크린에 비추듯이 표현하면 개성이 다른 사람이 몇 명인가 있는 것처럼 보입니다.

그와 같이 인간의 혼은 여섯 명 단위 정도의 에너지량을 가지고 있어서 그 중 한 명 분(分) 정도의 에너지가 육체에 깃들어 이 지상에 태어납니다.

그리하여 몇 십 년인가 수행을 거쳐 새로운 개성을 가지고 저 세상으로 돌아갑니다.

지금 살아 있는 여러분은 20세기에서 21세기에 걸친 새로운 시대의 경험을 쌓고 새로운 공부를 하고 새로운 인생의 양식을 얻어 저 세상으로 돌아갑니다. 그리고 그 기억을 혼의 형제들과 공유하게 되어 있습니다.

혼 속에는 머나먼 옛날의 기억도 있지만, 그것은 점차 희미해져 가기 때문에 새로운 시대에 태어나 새로운 지식이나 경험을 몸에 익혀 가는 것입니다.

학교 교육에서 배우지 않았던
진실한 인생관 🍂

위에서 서술한 내용과 같은 인생관이 실은 진실한 인생관입니다.

학교 교육에서 배우는 지식, 책이나 잡지, 텔레비전 등에서 전해지는 정보와는 상당히 다를 것입니다. 분명히 말해서 "이런 것은 들은 적이 없다."고 말하는 사람이 대부분일 것입니다. 그러나 들은 적이 없다고 하는 그 인생관이 진실한 것이며 그 인생관에 바탕을 둔 세계가 진정한 세계입니다.

지금 살고 있는 당신의 모습 그 자체는 진정한 당신 자신이 아닙니다. 진정한 당신이란 '광대무변(廣大無邊)한 우주 속에 있는 지구라는 유한한 구체(球體)에 어쩌다가 여행자처럼 찾아와서 수십 년 머물다 저 세상으로 돌아가는 나그네'와 같은 존재입니다. 새로운 교훈을 배우려고 이 세상의 세계에 찾아온 것입니다.

진실한 인생관이나 세계관을 알면 만사에 대한 견해가 딱 정반대가 됩니다.

지금 살고 있는 여러분이 보면 "지상에 있는 이 '개성을 가진 자기 자신' 이야말로 유일한 자기 자신이며, 그 외 사람은 전부 타인이다. 저 세상의 세계 따위는 본 적도 없고, 들은 적도 없다. '저 세상에 갔다가 돌아왔다' 는 이야기도 듣지 못했고, 자신이 어디서 태어나 어디로 가는지도 알 수 없다"고 생각될 것입니다.

　이것이 이 세상 사람들의 보통 모습이며, 그 외의 인생관을 가르쳐 주는 것은 학교 교육에도 거의 없습니다.

　진실한 인생관, 세계관을 가르칠 수 있는 것은 유일하게 올바른 종교뿐입니다.

진정한 당신이란 '광대무변(廣大無邊)한 우주 속에 있는
지구라는 유한한 구체(球體)에 어쩌다가 여행자처럼 찾아와서
수십 년 머물다 저 세상으로 돌아가는 나그네'와 같은 존재입니다.

인생의 의미를 깨우쳐 주는 힌트
– 소울 메이트

소울 메이트[20]와 구미의 뉴에이지 운동[21]

앞에서 서술한 것처럼 우주의 큰 나무는 무수한 가지로 나뉘고, 그 가지 맨 끝에 여러 가지 개성을 가진 한 사람 한 사람의 혼이 있습니다.

당신의 혼도 하나의 가지 맨 끝에 존재하고 있는데, 그 맨 끝 부분 바로 직전에서 몇 개의 작은 가지가 나와 있습니다. 여기에 당신의 혼과 같은 무렵에 만들어져 가지로서 갈라진 '소울

---

20) **소울 메이트(soul mate)** – 영혼의 친구, 마음의 벗이라는 의미
21) **뉴에이지 운동** – 1960년대를 전후하여 미국 젊은이들 사이에 확산되기 시작한 움직임으로, 무신론적, 물질적인 현대 세계의 영적인 공허함을 탈피하기 위한 반문화(反文化) 운동이다. 정치, 문화, 예술, 종교, 과학 등 사회 전반에 연관되어 있다.

메이트'라고 불리는 당신과 관계가 깊은 혼이 존재하고 있습니다.

이 소울 메이트라는 말은 구미에서 1970년대쯤에 일어난 '뉴에이지 운동'이라는 새로운 종교 운동 속에 자주 나옵니다. 이 신세기 운동, 신시대 운동이라고도 할 수 있는 것은 미국 등에서 유행하고 있고, 행복의 과학 운동과 거의 병행하여 일어나고 있습니다.

그것이 유행하고 있는 배경에는 '교회에서 듣고 알게 되는 전통 종교인 기독교로는 어딘지 좀 부족하여 더 영적인 진실을 알고 싶다'고 하는 면이 있습니다.

그래서 사람들은 자신이 가지고 있는 괴로움에 대한 답을 구하며, 영언(靈言)이나 영시(靈視)를 할 수 있거나 '리딩(reading)'이라고 해서 사람의 과거세(過去世)를 읽을 수 있는 이를 찾아갑니다.

여러 가지 영적 능력이 있는 사람을 찾아 가서 자신과 지금 함께 있는 사람, 예를 들면 부부, 부모와 자녀, 친구, 업무 파트너 등 자신과 특별한 관계가 있는 사람에 대하여 '이 사람은 어떤 사람인가, 나와는 영적으로 어떤 관계인가'를 묻거나 합니다.

과거세부터 인연이 깊은 사람들은 자신의 주위에 있다

　뉴에이지 운동 단체 등은 행복의 과학처럼 큰 종교가 되는 일은 없고, 한 가지 그룹으로 기껏해야 수십 명에서 많아도 천 명정도의 규모로밖에는 커지지 않지만, 여기저기서 그와 같은 영적인 현상이 일어나서 인생 상담과 같은 것이 유행해 왔습니다.

　기독교는 전생윤회나 혼의 형제, 소울 메이트 등의 영적인 지식을 가르치지 않기 때문에 사람들은 진실을 알고 싶어서 '사실은 또 다른 영적인 것이 있는 게 아니냐?'를 물어보러 갑니다.

　그리고 그 물음의 배우는 것은 결국 '지금 자기 주변에 있는 사람 중에서 자신과 갈등하며 괴로움을 만들고 있는 이들은 실은 과거세를 돌아보면 몇 번인가 전생윤회하는 과정에서 만나 여러 가지 인간관계의 조합을 이루며 살아온 적이 있는 자들일 경우가 많다'고 하는 것입니다.

　예를 들면, 지금은 부부라도 과거세에서는 부모와 자녀의 관계였던 적도 있으며, 지금은 아버지와 딸로서 부모와 자녀라는 관계가 되어 있지만 과거세에서는 부부였던 경우도 있습니다.

　그리고 아주 좋아하는 오빠가 실은 과거세에서는 아버지였을

경우도 있으며, 언제나 인생 상담을 해주는 친숙한 큰아버지가
과거세에서는 아버지였던 경우도 있습니다.

예시 ❷ 이혼과 재혼

재혼 상대에게도 인연이 있는 경우가 많다

구미권에서는 이혼과 재혼이 대단히 많은데, 영적인 컨설팅
을 하는 뉴에이지쪽에서는 그런 것에 관한 상담도 많이 받는 모
양입니다. 그리고 "나의 재혼 상대가 나와 인연이 있는가, 어떤
가?", "나의 과거세를 리딩하면 거기에 나올 만한 가까운 사람
인가, 아닌가?"와 같은 질문에 대답해 줍니다.

기독교에서는 결혼할 때 '하나님께서 하나로 만드신 것을 영
원히 나누어서는 안 된다'라는 식으로 맹세하게 하는데, 그 맹
세를 깨고 이혼이나 재혼을 하는 사람들은 죄악감을 품게 됩니
다. 교회는 이 죄악감을 없애 주지 않습니다.

그 때문에 사람들은 무엇인가 다른 사고방식이 있는 것은 아
닐까 모색하며 종교를 대신하는 것에서 구제를 찾고 있습니다.

거기서 자신이 새로 좋아하거나 재혼하게 된 상대에 대해 질
문하여 영적인 리딩 결과 '인연이 있는 사람이다'라고 들으면

그 죄악감의 상당 부분이 해소됩니다.

뉴에이지 운동에서는 그와 같은 인생 컨설팅을 일부 하고 있는데, 거기서 대답해 주는 것이 어느 정도는 맞습니다. 이혼과 재혼이 거듭되는 현대에서는 역시 재혼 상대에도 자신과 인연이 있는 경우가 상당히 많습니다.

나의 저서 『생명의 법』 속에도 '운명의 붉은 실(배우자로서 인연)을 너무 외골수같이 생각해서는 안 된다' 라고 쓰여 있는데, 현대의 유동적인 세상에서는 이혼과 재혼을 하는 사람들이 너무나도 늘어나서 '운명의 붉은 실이 있으며, 그 한 가닥의 실만 가지고 부부가 될 수 있다' 는 사고방식은 맞지 않습니다.

만약 이혼과 재혼을 하더라도 부디 그것을 너무 심각하게 생각하지 마십시오. 새로운 인연으로 주어진 상대는 과거세에 실제로 자신과 인연이 있었던 사람인 경우가 많습니다.

예시 ❸ 소울 메이트들의 도움

과거세에서부터 친한 혼의 그룹이 동시대에 태어나 자신의 인생을 지원해 주고 있다

지금 세계 인구는 60억 명 이상이며, 70억 명을 향하여 늘어

나고 있으므로 여러 시대에 태어난 사람들이 현대에 한꺼번에 태어난 것은 거의 분명합니다.

그 중에는 어느 시대에나 혹은 때때로 함께 혼수행을 해 왔던 사이좋은 그룹이 동시대에 많이 태어나고 있습니다.

여러분의 현재 가족관계나 친구관계, 일에서 인간관계가 깨어져도 새롭게 또 생기는 인간관계 속에서 자신과 인연이 있는 소울 메이트, 즉 '혼의 친구'라고 할 수 있는 사람이 나타나서 도와주는 경우가 많습니다.

인생은 이미 80년, 90년이나 사는 시대에 들어와 있으므로 여러 가지 경우가 있겠지만, 부디 운명을 고정적인 것이라고 생각하지 말고 '혼의 친구 소울 메이트가 있어서 자신의 인생을 지원해 주고 있다'는 것을 알기 바랍니다.

여러분의 인생 가운데에서 특별히 마음이 끌리는 만남이 있을 것입니다. 남녀 사이가 아니라도 남성끼리 여성끼리도 있을 것입니다.

일가친척이 아닌데도 가족과 같은 느낌이 드는 사람, 운명적인 친구라고 생각될 만한 평생의 벗, 불법진리로 인도해 주고 몇 십 년이나 함께 교제해 가는 친구 즉 법우(法友)와 같은 사람이 있습니다. 그런 소울 메이트라는 존재가 실제로 있습니다.

지금 인생을 다시 시작하여 괴로워하는 사람이나 죄악감 속에 있는 사람도 있겠지만, 인생은 그렇게 단순한 것이 아닙니다. 여러 시대에 태어나서 여러 가지 역할을 하고, 몇 번이나 다시 태어나 배역을 바꾸면서 인생 수행을 하고 있습니다.

지금 자신의 어머니 역할을 해 주는 사람이 옛날에는 자녀였을 경우도 있습니다. 또한 라이벌로 경쟁하는 사람들이 과거세에서는 형제였을 수도 있습니다.

따라서 인생의 의미를 해독할 때는 깊은 부분까지 생각하지 않으면 안 됩니다.

이런 것을 알았다면 명상 등을 할 때 부디 자신의 혼에 깊은 인상이 있는 특정한 사람에 대하여 '실은 이 사람은 나의 혼과 대단히 인연이 있는 사람이 아닐까?'라는 시각도 가져 주셨으면 합니다.

예시 ❹ 반드시 만나는 사람

인생의 문제집으로 만나지 않으면 안 될 소울 메이트도 있다

지금 당신 인생의 행복과 불행을 나누는 것은 실은 당신 가까이에 있는 이들, 당신과 인연이 있는 20명이나 30명 정도 그룹

인 사람입니다. 그 가운데서 여러분의 행복이나 불행이 결정될
것입니다.

그 사람들은 실제로 이 세상에서 당신이 '마땅히 만나야 하기
에 만난 사람'인 경우가 대단히 많습니다.

당신이 인생의 수행을 하는 데 무슨 일이 있어도 필요해서 어
느 때 확실하게 반드시 한 번은 만나도록 짜여진 인연이 있는
사람이 있습니다. 그 가운데는 당신에게 부드럽게 대하는 사람
도 있지만, 무엇인가를 엄하게 가르쳐 주거나 시련을 주거나 하
는 사람도 있습니다. 그러나 반드시 만나지 않으면 안 될 사람
이 있습니다.

이것이 어떤 의미에서는 '인생의 문제집'이기도 합니다.

'당신이 풀어야 할 문제집으로서 이 사람과 이 사람을 만나지
않으면 안 된다. 그리고 과거세에 미루었던 과제를 이번 생애에
해결하지 않으면 안 된다'는 면이 있습니다.

예를 들면 원래는 과거세에서 사이가 좋은 부모, 자식이나 형
제, 부부였는데, 인생 도중에서 대단히 사이가 나빠져서 증오심
이 만들어진 경우 금세에서는 이전과는 다른 관계로 만나 '이
번에는 어떻게 되는가?'라는 것을 시험당하게 됩니다.

이와 같이 사랑하거나 미워하거나 하는 애증관계에 문제가

있는 경우, 게다가 그것이 당신의 인생에 깊은 영향을 주는 상대일 경우는 대개 과거세에서 비롯된 '신(神)의 계획'으로서 그것이 인생의 문제집 속에 들어있는 경우가 많습니다.

지금 자신이 직면한 괴로움에 대해서는 우연히 운이 나빴던 탓이다 등으로 생각할 것이 아니라 '나에게 주어진 문제집 중의 하나'라고 생각하는 편이 좋습니다.

필연적으로 마땅히 그렇게 되어야 하기 때문에 그렇게 된 경우가 아주 많다는 것을 알아 주셨으면 합니다.

다툼이나 증오를
지상에서 없애는 삶

개인주의의 경쟁사회에서야말로
필요한 사랑의 가르침 🍂

새로운 인생관을 모른다면 여러분은 뿔뿔이 흩어진 개인으로서 살고 있다고 생각하기 쉬울 것입니다. 그리고 서양적인 가치관에 따라 '개인주의로 경쟁하여 승자가 된 자가 위대하다. 주위 사람을 밀어내는가, 그렇지 않으면 패배자가 되는가?' 라고 생각하는 사람도 있을 것입니다. 승패에 기쁨과 슬픔이 번갈아 일어나면서 마음이 천국 혹은 지옥과 같은 상태로 요동하는 경우도 있을 것입니다.

그러나 실제로는 생명의 큰 나무가 한 그루 있습니다. 그것은 크게 지구권으로 퍼져 있으며, 더 나아가서는 지구권을 뛰어 넘어 실은 생명이 거주하는 다른 별에까지 그 가지가 뻗어 있습니다.

'커다란 우주의 큰 나무가 한 그루 있다.
모든 혼은 실은 이어져 있다.
경쟁 사회에서 승패를 다투는 상대일지라도
사실은 전적으로 적이나 라이벌이 아니라
연생(緣生)의 과정에서 몇 번이나 만난 사람들일 경우
가 많다.
혼적(魂的)으로는 사실 한 그루 나무에 이어져 있다.'

이와 같은 것을 알아 주셨으면 합니다.
나는 여러분에게 사랑을 설하고 있습니다.
"서로 사랑하라. 함께 서로 사랑하라."라고 말하는 것은 여러분이 타인이 아니기 때문입니다.
누구든지 실은 이어져 있습니다. 본래의 에너지는 생명 에너지체로서 이어져 있으며, 여러 시대에 어딘가에서 만난 사람도 많이 있습니다.

시대를 초월해서 만나는 인연의 사람들 🍂

금세와 같이 또 다른 새로운 법이 설해질 때에도 인연이 있는
사람들이 많이 태어나 있을 것입니다.

현대에는 전설이 된 과거의 여러 문명에서도 여러분은 살고
있었습니다. 그리고 무(Mu) 문명의 왕인 라무(La Mu)의 시대나
아틀란티스 문명의 지도자인 토스(Thoth)의 시대, 그리스의 헤
르메스(Hermes) 시대, 인도의 불타(佛陀) 시대 등에서 만났던
여러분이 입장과 모습이 바뀌어, 즉 남녀의 입장도 바뀌고 부
모와 자녀의 입장도 바뀌거나 하면서 지금 다시 만나고 있을
것입니다.

그 가운데에서 여러 가지 인생 드라마가 일어나고 있을 터입
니다.

그런 의미에서 당신과 당신이 만나는 사람과는 깊은 이어짐
이 있다는 것을 알아 주셨으면 합니다.

그래서 서로 사랑하라고 말하고 있는 것입니다.

질투나 증오를 극복하여 서로 사랑하면서 세계를 하나로 만들어라 🍂

여러분 가까이에 있는 사람은 하나의 생명의 큰 나무에서 나온 가지에서 나뉘어진 이들입니다. 그런 사람들을 미워하거나 증오하거나 하는 것은 죄입니다.

왜냐하면 자신이 본래 이어져 있던 생명의 줄기에 똑같이 이어져 있는 다른 가지를 미워하거나 상처 입히고 베어내려고 하는 것이기 때문입니다. 그러나 그것이 현실입니다.

사랑의 반대는 질투나 증오라고 흔히 말하는데 그것을 극복해 주셨으면 합니다.

자신이 질투하는 상대를 자신과는 전혀 다른 타인이라고 생각하니까 경쟁하고 질투하는 것이지만, 실은 동지입니다. 당신이 증오하는 상대, 미움을 느끼는 상대는 당신과는 혼적으로 대단히 깊은 인연이 있어서 과거세에서 몇 번이나 만난 사람일 경우가 많습니다.

그래서 나는 "서로 상처 입히는 것을 그만 두어라. 다른 사람을 나쁘게 말하는 것을 그만 두어라. 질투하지 말고 축복하라. 당신 자신의 혼의 성장을 위해서도 그렇게 하라."라고 설하고

여러분은 원래 우주의 한 그루 큰 나무에서 갈라져 나온 생명입니다.
그러니까 서로 사랑하십시오, 여러분의 뿌리는 같습니다.

있습니다.

개인주의가 너무 강해지면 질투심이나 독점욕, 증오가 대단히 강해집니다. 그러나 이것은 앞에서 서술한 생명의 나무라는 관점에서 보면 자기 자신의 잎사귀를 마르게 하고 가지를 꺾거나 하는 행위에 해당합니다.

이것은 생명의 법칙에 어긋난 것입니다. 그것은 지옥적이다, 반성이 필요하다라는 식으로 판정됩니다.

나는 "여러분은 원래 우주의 한 그루 큰 나무에서 갈라져 나온 생명입니다. 그러니까 서로 사랑하십시오. 여러분의 뿌리는 같습니다."라고 가르치고 있습니다.

지금 민족의 차이, 종교의 차이로 증오가 생겨나 전쟁을 하는 곳도 있는데, 이것도 이해가 미치지 못해서 그런 것일뿐입니다. '사실은 모두가 하나의 줄기에서 나온 존재이며 가지가 갈라져 있을 뿐이다' 라고 이해하면 그와 같은 다툼이나 증오가 지상에서 사라져버릴 수밖에 없습니다.

그것을 가르치려고 행복의 과학이라는 종교가 활동하고 있습니다. 그런 의미에서 세계를 하나로 만들려 하고 있습니다, 진정한 의미에서 세계에 평화와 풍요함을 가져오려 하고 있습니다.

04 우주의 법칙에 맞는 성공을
손에 넣는 신앙 우위의 삶

이 세상에서는
가치관의 역전이 일어난다

인간은 한 사람 한 사람 한 그루 생명의 큰 나무에서 가지가 갈라져 나왔으며, 혼의 형제인 여섯 명 중 일부분이 이 세상에 태어나 새로운 경험을 하기 위하여 혼 수행을 하는 존재입니다.

이러한 커다란 시각에서 본 인간관을 알 수 없기 때문에 이 세상에서는 가치관이 역전되어 전문(專門) 분화(分化)된 개별적인 지식으로 논리를 조립하여 만사를 생각합니다.

예를 들면 공부를 잘하는 의사가 유물론으로 머리가 굳어져 버리기도 합니다. 또한 본래는 혼의 교육자여야 할 교사가 '공무원은 일에서 종교적 활동에 관여해서는 안 되므로 신앙에 대해서는 언급할 수 없다. 종교적인 것은 읽지 않는다. 듣지 않는다. 인정하지 않는다. 부정한다'는 것을 당연한 것처럼 생각하고 행하는 일이 있습니다.

이와 같은 것은 바람직하지 않습니다.

진정한 생명의 윤리, 생명의 법칙, 선악의 관점에서 보면 잘못된 일이 현대 사회에서는 많이 행하여지고 있습니다. 학교 교육 현장에서도 그렇고 기업에서도 그렇습니다. 혹은 텔레비전 방송국, 신문사 등의 매스컴에서도 똑같습니다. 종교적인 것을 무엇인가 잘못된 것처럼 보도하는 것을 기본적인 것으로 삼는 부분이 있습니다.

그러나 실제로는 그렇게 생각하는 사람들의 가치관이 잘못되었습니다. 땅 위의 개미가 보는 듯한 작은 눈으로 보며 분석하고 지낼 것이 아닙니다. 보다 커다란 세계관, 우주관을 알고 있다면 그와 같은 잘못은 저지르지 않아도 됩니다.

그것을 가르칠 수 있는 것은 종교뿐입니다. 그리고 이렇게까지 커다란 세계관을 제시할 수 있는 것은 행복의 과학밖에 없습니다.

생명의 큰 나무의 일부로서
성공을 얻기 위하여 🍂

　우주 크기의 시각에서 본 진실한 세계관을 가지고 살면 앞으로 여러 면에서 이 세상 가치관과 부딪치는 경우가 있을 것입니다. 경제에서도, 정치에서도, 혹은 법률이나 교육, 가정 안의 문제, 결혼관 등 여러 면에서 이 세상 것과 부딪치게 될 것입니다.

　그 가운데서 내가 강하게 호소해두고 싶은 것이 있습니다.

　나는 종교가로서 행복한 미래를 열기 위해 지금부터의 시대, 즉 21세기에서 22세기, 23세기, 나아가서는 30세기, 40세기, 50세기라는 식으로 죽 미래까지 시대를 전망하고 있는데, 필요한 것은 역시 신앙의 우위(優位)를 확실히 하지 않으면 안 된다는 것입니다.

　예를 들어 이 세상에서 성공했다고 해도 겨우 수십 년을 삽니다. 100년도 되지 않는 인생입니다. 그 성공이 커다란 우주의 이법(理法)에 어긋나고 생명의 큰 나무의 일부로서 바람직하지 않는다면 그것은 부러진 가지가 되어 그 잎사귀가 말라버릴 것입니다. 우주의 생명 법칙에 어긋난 성공은 어느 것이나 허무하게 됩니다. 그래서 이 근본의 신앙 부분이 제일 중요합니다.

자신의 근본에 신앙의 우위라는
가치관을 가지고 성공을 추구하라

　근본 신앙에서 벗어난 것에 아무리 전문 분화되고 우수한 실적을 거두거나 지식을 풍요롭게 해봤자 유감스럽게도 미래에 행복은 오지 않습니다.

　예를 들면 대단히 유명한 작가가 살인 사건을 다룬 추리소설만 수없이 많이 써서 베스트셀러를 만들었는데, 작품들이 텔레비전 드라마로까지 만들어져 높은 시청률을 자랑한다고 합시다. 그런 인생을 오래 산 사람은 이 세상적으로는 위대할지도 모릅니다.

　그러나 그런 작가 중에는 사후에 지옥에서 괴로워하는 사람도 있습니다. 바로 자신이 소설에 쓴 것과 같은 세계 속에서 괴로워하는 것입니다.

　살인 사건에 그렇게까지 관심이 있어 그것만을 조사하여 '어떻게 해서 사람을 죽이고 어떤 식으로 계략을 짤까?' 라는 것만 생각하는 사람의 마음은 역시 지옥쪽으로 가 있습니다. 그리고 이 세상에서 평가가 아무리 좋아도 유감스럽지만 천국으로는 갈 수 없습니다.

이와 같이 이 세상 성공과 저 세상 성공이란 역시 다릅니다.

신앙의 우위를 확실히 가지고 올바른 신앙을 세워서 그 속에서의 성공을 구해야만 합니다. 올바른 신앙 없이 이 세상 성공, 실패만을 생각하고 있다면 여러분이 성공하는 일은 없습니다.

학력이나 회사 직위 등으로 보는 세상적 가치관과 신앙이 우위인 가치관의 차이

학력도 마찬가지입니다. 학교와 학원에서 좋은 성적을 내거나 명문대학에 가는 사람은 이 세상적으로는 승자라고 불리는 경우가 많을 것입니다. 예를 들면, 유명 대학 총학생 대표가 되거나 일류 회사에 들어가고 혹 관청에 들어갔다고 하는 사람은 이 세상적으로는 위대해 보이기도 합니다. 국내에서 제일 훌륭하다고 간주될지도 모르겠습니다.

그런데 그런 사람들을 영적으로 보면 훌륭하지 않은 경우가 많이 있습니다.

학교 등에서 공부 외의 부분에서 종교적 가치관과 사람에 대한 사랑을 가지고 자신의 인생관을 연마하고 있는 경우는 별도입니다만, 이 세상 교육으로만 보면 일본을 대표할 만한 수재였다 하더라도 유감스럽지만 지옥에 가는 사람이 많이 있습니다.

이 세상 가치관에 따르면 자신이 다니는 회사 이름으로 등급이 매겨지고 능력이 뛰어난가 어떤가에 따라 상하가 나눠지지만, 부디 그런 것에 마음을 빼앗기지 않았으면 합니다.

회사 지명도가 높다는 등의 경제 사회에서의 성공을 비롯해서 학력을 보는 교육면에서의 성공, 의사와 같은 직업인으로서 성공하여 사회적 지위를 얻은 일 등 세상에는 여러 가지 유물적 가치에서 본 성공이 있습니다.

그러나 부디 이 모든 국면에 멈춰 서서 신앙이 우위에 있다는 것, 신앙을 우선시하여 만사를 생각하고 있는가 어떤가를 점검해 주셨으면 합니다.

신앙이 우위가 아닌 사고방식은 생명의 큰 나무 안에서 자기 일만을 생각하는 가지나 잎사귀가 되어 있는 것을 의미합니다. 그 결과 생명의 큰 나무와 분단되어 그 일부가 말라버리면 지옥적인 것으로 전락해 갈 가능성이 매우 높습니다.

따라서 이 세상 모든 것에 대하여 신앙의 우위를 다시 한 번 생각해 주셨으면 합니다.

05 미래를 빛나게 하는
대상의 법칙

신앙을 위해 지급한 대상은
내세에 반드시 보답을 받는다

신앙을 우선시하는 것은 신앙을 위해 무엇인가를 버리는 것
이기도 합니다.

『생명의 법』 제1장 '살아가는 마음가짐'에는 '대상의 법칙'이
쓰여 있습니다. 무엇인가를 얻으려면 역시 무엇인가를 버리지
않으면 안 된다는 내용이라든지 '노력과 정진을 하지 않으면
얻을 수 있는 것은 없다. 지급한 대상과 얻을 수 있는 것의 가치
는 똑같다'는 내용을 써 놓았습니다.

결국 이런 '대상(代償)' 중에서 최고의 것은 여러분이 신앙을

위해 지급한 것입니다. 이것은 내세에서 여러분이 최고의 것을 얻는다는 사실을 말해 줍니다.

여러분은 신앙을 실천하기 위해 무엇을 대상으로 지급하였습니까? 신앙의 우위를 확립하기 위해 '신앙이 뛰어나다. 중요하다. 소중하다'는 것을 믿고 실행하기 위해서 이번 생에 도대체 무엇을 하였습니까?

여러분이 지급한 대상에 걸맞은 미래는 반드시 찾아옵니다. 그것은 완전히 이치에 맞습니다. 예외 따위는 절대로 있을 수 없습니다.

대상의 법칙은 이 세상 일에도 작용하므로 이 세상적으로 '무엇인가를 얻으려고 한다면 무엇인가를 버려라'는 선택의 원리나 '집중하면 성공한다'는 식의 원리로서 경제 원리와 성공 원리에도 사용할 수가 있습니다.

다만 가장 중요한 것은 역시 신앙을 위해 대상을 지급한다는 것입니다.

그 때문에 노력과 정진을 해야 하거나 단념해야 하는 것도 생깁니다. 이 세상 욕망만이라면 힘차게 돌진해 가야 하지만, 그것을 포기해야만 하는 경우도 생깁니다. 신앙을 위해 버리지 않으면 안 되는 것도 생길 것입니다.

혼의 엘리트로서 사는 이의 역설 🍂

포기해야 한다는 것을 슬퍼하지 마십시오.

이 세상과는 뒤바뀐 사고방식이기는 하지만 '나는 지금 혼을 연마하여 혼으로서 성공의 길에 들어가려 하고 있다'는 역설을 받아들이십시오.

이 세상에서 고난, 시련이 많은 인생을 사는 사람은 실은 혼이 단련되고 있으며 실은 혼의 엘리트로서 우수하고 선택받은 사람들이라는 것을 보여 주고 있습니다.

이 세상적으로 순풍에 돛을 단 듯 모든 것이 잘되고, 사람들에게 척척 인정받는 엘리트가 진정한 엘리트는 아닙니다.

인생의 시련, 박해, 병, 경제적 고난 등 여러 가지 것을 극복하고 그 속에서 진실한 신앙을 붙잡아 많은 사람들을 돕고 구하기를 노력하고 실천하는 이가 부처나 신으로부터 선택받은 존재이며 혼의 엘리트이기도 합니다.

그와 같이 이 세상 가치관과는 다른 엘리트관을 가져 주셨으면 합니다.

대상의 법칙 중에서 최고의 것이란
이 세상적인 것에 집착하지 않는 영적인 눈으로
인생을 응시하여 끝까지 살아가는 것 🍂

　신앙의 우위를 단단히 마음에 그리지 않으면 안 됩니다.

　대상의 법칙 중에서 최고의 것이란 실은 '이 세상적인 것'을 얼마만큼 버리고 진리에 살 수 있는가에 달려 있습니다.

　석가나 그리스도가 설한 것도 그런 것입니다. 어느 것이나 '이 세상적인 것을 버려라'라고 설하고 있습니다. 이것은 대상의 법칙입니다.

　이 세상적인 것에 집착하는 이는 그 무게로 가라앉게 됩니다.

　그러나 이 세상적인 것에 집착하지 않고 영적인 눈, 천국의 눈, 저 세상의 눈, 부처님이나 신의 눈으로 보고 인생을 살았던 사람은 반드시 신의 옆에 가까이 앉을 수 있게 되어 있습니다.

　이것이 대상의 법칙 중 최고의 것입니다. 부디 이것을 기억해 두십시오.

　이상 '진실한 인생을 끝까지 살아라'라는 테마로 여러 가지 것을 설해 왔습니다.

여러분이 '나의 생명은 우주의 큰 나무와 이어져 있다. 인연이 있는 사람들의 생명과 이어져 있다'는 관점을 가지고 우주수의 일부로서 자신을 빛내고자 신앙 안에 사는 용기를 갖기를 진심으로 기원합니다.

지금은 안 계시는 나의 아버지, 행복의 과학 명예 고문이신 요시카와 사부로(善川三朗)는 2003년 8월 12일에 만 82세를 눈앞에 두고 이 세상을 떠나셨다. 아버지가 아들인 나에게 부탁하신 유언이 두 가지 있다.

그 중 하나는 "학교를 만들지 않으면 안 된다. 대학까지 만들어라." 라는 것이었다. 지금 나는 창립자로서 '행복의 과학 학원 중·고등학교'를 건설 중인데 2010년 봄에 개교할 예정이다. 그리고 그 3년 후에는 '행복의 과학 대학'도 창립할 예정이다.

아버지가 남기신 두 번째 유언은 "『용기의 법』을 출판하지 않으면 안 된다."였다. 아버지의 최후 말씀을 들은 것이 6년 전쯤 일인데, 이제서야 『용기의 법』을 완성하여 출판하게 되어 감개무량하다. 영천상계(靈天上界)의 아득히 높은 곳에서 미소 짓고 계시는 아버지께 본서를 바친다.

"아버지, 늦어졌습니다. 그리고 저도 벌써 만 52세가 되었습니다. 불석신명(不惜身命 : 몸이나 목숨을 아끼지 않고 수행, 교화, 보시하는 일)으로 살아 왔습니다. 언제 죽어도 후회 없이 『용기의 법』을 설할 수 있게 되었습니다."

합장.

행복의 과학 총재 오오카와 류우호오(大川隆法)

본서는 아래의 법화(法話)를 정리하여 가필(加筆)한 것입니다.

『용기의 법』과 함께 읽으면 좋은 오오카와 류우호오 저작 문헌
● 『청춘의 원점』
● 『인생의 왕도를 말한다』
● 『생명의 법』
● 『상승사고』

◆ 오오카와 류우호오 총재 소개 ◆

'행복의 과학' 총재.

1956년 7월 7일생. 도쿄대학(東京大學) 법학부 졸업 후 일본 대규모 종합상사에 입사, 뉴욕 본사에 근무하면서 벨리츠 뉴욕 학교에서 상급 어학 연수 수료 후 뉴욕 시립대학 대학원에서 국제금융론을 공부하였다.

1981년 3월 23일, 큰 깨달음을 얻고 같은 해 7월에는 인류 구제를 위한 커다란 사명을 자각하였다. 1986년 10월에는 불법진리전도기관인 '행복의 과학'을 설립(1991년 3월에 일본에서 종교법인격을 취득)하였다.

1991년에는 영국 『피낸셜 타임즈』 등에 '일본의 새롭고 위대한 종교가'로 소개되었다. 『태양의 법』, 『황금의 법』, 『영원의 법』, 『생명의 법』, 『감화력』, 『청춘의 원점』, 『성공의 법』 등 저서가 500권을 넘었으며, 대다수가 일본에서 베스트셀러, 밀리언셀러가 되었다. 저작을 원작으로 하는 영화 제작 총지휘도 착수하여 '영원의 법 The Laws of Eternity' (2006년) 등 5개 작품은 모두 일본 전국에 일제 상영하여 대히트하였다. 저서는 영어, 한국어, 독일어, 불어, 포르투갈어, 중국어 등 수많은 외국어로 번역되어 전 세계 다수 독자들이 읽고 있다.

용기의 법

2009년 5월 30일 제1판 1쇄 발행

지은이/오오카와 류우호오
펴낸이/강선희
펴낸곳/가림출판사

등록/1992. 10. 6. 제4-191호
주소/서울시 광진구 구의동 57-71 부원빌딩 4층
대표전화/458-6451   팩스/458-6450
홈페이지/www.galim.co.kr
전자우편/galim@galim.co.kr

값 10,000원

ISBN 978-89-7895-317-7 13320

가림출판사 · 가림M&B · 가림Let's의 홈페이지(http://www.galim.co.kr)에 들
어오시면 가림출판사 · 가림M&B · 가림Let's의 신간도서 및 출간 예정 도서를
포함한 모든 책들을 만나실 수 있습니다.
온라인 서점을 통하여 직접 도서 구입도 하실 수 있으며 가림 홈페이지 내에서
전국 대형 서점들의 사이트에 링크하시어 종합 신간 안내 및 각종 도서 정보,
책과 관련된 문화 정보를 받아보실 수 있습니다.
또한 홈페이지 방문시 회원으로 가입하시면 신간 안내 자료를 보내드립니다.